燃料电池电动汽车安全指南

SAFETY GUIDANCE FOR FUEL CELL ELECTRIC VEHICLES

中国汽车工业协会
中国汽车动力电池产业创新联盟燃料电池分会 | 组编

戴海峰 裴冯来 郝冬◎等编著
何云堂◎主审

机械工业出版社
CHINA MACHINE PRESS

鉴于氢易燃易爆的特性及整车的电耦合使用环境，燃料电池电动汽车的安全问题比传统汽车及纯电动汽车的安全问题更为复杂。本书从设计、制造到应用不同环节，以及整车、系统、关键部件等不同层面展开，讨论燃料电池电动汽车的安全问题。本书介绍了燃料电池电动汽车的基本概念及其安全问题的特殊性、整车通用安全、车载氢系统安全性、燃料电池堆及燃料电池系统的安全性测评技术，以及与燃料电池电动汽车应用、操作、维护及基础设施安全相关的内容，最后对燃料电池安全性进行了总结与展望。本书适合新能源汽车尤其是燃料电池电动汽车的研发人员、管理人员，以及相关专业的老师和学生阅读参考。

图书在版编目（CIP）数据

燃料电池电动汽车安全指南/中国汽车工业协会，中国汽车动力电池产业创新联盟燃料电池分会组编；戴海峰等编著. —北京：机械工业出版社，2020.10

ISBN 978-7-111-66624-0

Ⅰ.①燃⋯ Ⅱ.①中⋯ ②中⋯ ③戴⋯ Ⅲ.①燃料电池－电动汽车－安全技术－指南 Ⅳ.①U469.72-62

中国版本图书馆 CIP 数据核字（2020）第 182906 号

机械工业出版社（北京市百万庄大街 22 号　邮政编码 100037）
策划编辑：何士娟　责任编辑：何士娟
责任校对：王　欣　责任印制：张　博
北京铭成印刷有限公司印刷
2020 年 10 月第 1 版第 1 次印刷
169mm×239mm·15.5 印张·208 千字
0 001—1 900 册
标准书号：ISBN 978-7-111-66624-0
定价：99.80 元

电话服务　　　　　　　　网络服务
客服电话：010-88361066　　机　工　官　网：www.cmpbook.com
　　　　　010-88379833　　机　工　官　博：weibo.com/cmp1952
　　　　　010-68326294　　金　书　网：www.golden-book.com
封底无防伪标均为盗版　　机工教育服务网：www.cmpedu.com

编写委员会

支持单位

广东省佛山市南海区发展和改革局

专家指导组

组长：董扬【中国汽车动力电池产业创新联盟】

成员：许艳华【中国汽车工业协会】

魏学哲【同济大学】

何云堂【中国汽车技术研究中心有限公司】

组织联络组

王耀，邹朋【中国汽车工业协会】

马小利，刘岩【中国汽车动力电池产业创新联盟】

高雷【中国汽车动力电池产业创新联盟燃料电池分会】

编制组

组长：戴海峰【同济大学】

副组长：裴冯来【上海机动车检测认证技术研究中心有限公司】

郝冬【中国汽车技术研究中心有限公司】

编撰人名单

章号	章名	编写人员	审稿单位
第1章	燃料电池电动汽车及其安全问题	同济大学：戴海峰	上海重塑能源科技有限公司 中国汽车技术研究中心有限公司 厦门金龙联合汽车工业有限公司 郑州宇通客车股份有限公司
		北京新能源汽车技术创新中心有限公司：梁晨，陈雨时，张少鹏	
		济南大学：李发家，曹树坤	
		重庆大学：张财志	
		河北科技大学：汪殿龙，王波	
第2章	燃料电池电动汽车整车通用安全性	同济大学：戴海峰	中国汽车技术研究中心有限公司 中国汽车工程研究院股份有限公司 中国第一汽车集团有限公司 上汽大通汽车有限公司 厦门金龙联合汽车工业有限公司 上海燃料电池汽车动力系统有限公司
		中国汽车技术研究中心有限公司：郝冬，王仁广，张妍懿，赵坤	
		中国第一汽车集团有限公司：赵子亮，赵洪辉，浦及，张行	
		中国汽车工程研究院股份有限公司：邓波，毛占鑫，徐江锋，黄雪梅	
		上汽大通汽车有限公司：安淑展，周筠	
		郑州宇通客车股份有限公司：张龙海，司耀辉，李进，韩守亮	
		上海机动车检测认证技术研究中心有限公司：裴冯来	
		厦门金龙联合汽车工业有限公司：宋光吉，杨福清，唐静	
第3章	燃料电池电动汽车车载氢系统安全	江苏国富氢能技术装备有限公司：况开峰，许春华，魏蔚	中国汽车技术研究中心有限公司 郑州宇通客车股份有限公司 江苏国富氢能技术装备有限公司 北京科泰克科技有限责任公司 黎明气体集团
		郑州宇通客车股份有限公司：张龙海，司耀辉，李进，韩守亮	
		北京科泰克科技有限责任公司：张国，公歆汝	
		厦门金龙联合汽车工业有限公司：宋光吉，杨福清，唐静	
		张家港氢云新能源研究院有限公司：何春辉	
		广东国鸿氢能科技有限公司：燕希强，王铎霖，卜庆元，刘广智	

(续)

章号	章名	编写人员	审稿单位
第4章	质子交换膜燃料电池堆安全	上海机动车检测认证技术研究中心有限公司：裴冯来 上海氢晨新能源科技有限公司：唐厚闻，麦建明 上海燃料电池汽车动力系统有限公司：谢晓荷，刘冯巍 国家电投集团氢能科技发展有限公司：熊思江，王卓群，李松乔，王沐 北京新能源汽车技术创新中心有限公司：梁晨，陈雨时，张少鹏 张家港氢云新能源研究院有限公司：何春辉 航天氢能（上海）科技有限公司：张伟	中国汽车技术研究中心有限公司 广东国鸿氢能科技有限公司 上海氢晨新能源科技有限公司 上海燃料电池汽车动力系统有限公司 国家电投集团氢能科技发展有限公司 莱茵技术监督服务（广东）有限公司 厦门金龙联合汽车工业有限公司 上海重塑能源科技有限公司
第5章	质子交换膜燃料电池系统安全	同济大学：戴海峰 国家电投集团氢能科技发展有限公司：熊思江，王卓群，李松乔，王沐 中国汽车技术研究中心有限公司：郝冬，王仁广，张妍懿，赵坤 中国汽车工程研究院股份有限公司：黄雪梅 北京新能源汽车技术创新中心有限公司：梁晨，陈雨时，张少鹏 上海重塑能源科技有限公司：魏青龙，张晓丹，翟双，孙北 莱茵技术监督服务（广东）有限公司：彭波 上海燃料电池汽车动力系统有限公司：谢晓荷，刘冯巍	广东国鸿氢能科技有限公司 上海氢晨新能源科技有限公司 上海燃料电池汽车动力系统有限公司 莱茵技术监督服务（广东）有限公司 郑州宇通客车股份有限公司 上海重塑能源科技有限公司 国家电投集团氢能科技发展有限公司
第6章	燃料电池电动汽车应用、操作、维护及基础设施	江苏国富氢能技术装备有限公司：况开峰，许春华，魏蔚 郑州宇通客车股份有限公司：张龙海，司耀辉，李进，韩守亮 厦门金龙联合汽车工业有限公司：宋光吉，杨福清，唐静 氢车熟路汽车运营（上海）有限公司：周骁俊 佛山环境与能源研究院：李燕 黎明气体集团：张辉 航天氢能（上海）科技有限公司：张伟 上海重塑能源科技有限公司：魏青龙，张晓丹，翟双，孙北	上汽大通汽车有限公司 郑州宇通客车股份有限公司 厦门金龙联合汽车工业有限公司 江苏国富氢能技术装备有限公司 莱茵技术监督服务（广东）有限公司 张家港氢云新能源研究院有限公司 氢车熟路汽车运营（上海）有限公司
第7章	总结与展望	同济大学：戴海峰 云浮（佛山）氢能标准化创新研发中心：赵吉诗 济南大学：李发家，曹树坤 河北科技大学：汪殿龙，王波	上海重塑能源科技有限公司 佛山环境与能源研究院

在《国家创新驱动发展战略纲要》《能源技术革命创新行动计划（2016—2030年)》《汽车产业中长期发展规划》等规划中，都明确了氢能与燃料电池产业的战略性地位。工信部、科技部及各地方政府纷纷将发展氢能和氢燃料电池技术列为重点任务，将氢燃料电池电动汽车列为重点支持领域。在上述政策的推动下，我国燃料电池电动汽车得到了快速发展。

在燃料电池电动汽车产业蓬勃发展的前景下，我们也看到了存在的问题。燃料电池电动汽车总体发展质量和水平还有待提高，而安全性是其关键指标之一。目前，产业总体上对燃料电池电动汽车安全性认识不足，燃料电池电动汽车设计及应用中的安全性要求积累不够。另一方面，燃料电池电动汽车安全性问题非常复杂，与燃料电池堆及系统、氢系统、整车匹配设计、产品试验验证、运维管理等多种因素有关。有鉴于此，我们认为有必要编制《燃料电池电动汽车安全指南》（以下简称《指南》），系统地梳理燃料电池电动汽车整车、关键部件及系统的设计、使用等各个环节的安全风险及其防范措施，提高燃料电池电动汽车全生命周期安全性水平。

本《指南》聚焦燃料电池电动汽车设计及应用中的安全问题，系统地梳理了燃料电池电动汽车的安全风险，并参考现有国际国内标准，汇集一线专家的经验编制而成。《指南》的总体结构是从时间和空间两个维度展开的。时间维度上，《指南》重点关注燃料电池电动汽车整车及关键零部件或子系统从设计到应用不同环节上的安全问题；空间维度上，《指南》从整车通用安全开始，分解讨论车载氢系统、燃料电池系统及燃料电池堆的安全问题。同时，在《指南》编制中，侧重讨论燃料电池电动汽车与其他类型电动汽车在安全方面的不同之处。

本《指南》分为7章。第1章介绍燃料电池电动汽车的基本概念及其安全问题的特殊性；第2章讨论燃料电池电动汽车的整车通用安全，包含整车通用安全的一般设计准则、氢燃料电池电动汽车的整车通用安全设计、整车通用安全测试及评价等内容；第3~5章分别为燃料电池电动汽车车载氢系统、燃料电池堆及燃料电池系统的通用安全、安全设计及安全测评技术等；第6章为与燃料电池电动汽车应用、操作、维护及基础设施安全相关的内容；第7章为总结与展望。

本《指南》由工信部装备工业一司、国家能源局电力司、科技部高新技术司、国家发展改革委产业司、财政部指导，由中国汽车工业协会会同中国汽车动力电池产业创新联盟组织包括燃料电池电动汽车整车、燃料电池堆、燃料电池系统、氢系统、运营维护等行业的科研院所及企业共同研究编制，并广泛征求了国内外业界专家和企业、机构的意见。全书由戴海峰教授统稿。

希望本《指南》能够给从事燃料电池电动汽车开发和生产企业的从业人员，以及服务保障人员和广大消费者提供设计及应用上的指导和参考，同时，也希望能为燃料电池电动汽车行业相关标准的制定和修订提供依据，为开展安全性研究项目提供方向。本《指南》虽经多次修改，但仍难如人意，主要是有些工作仍然没有结束，有些理论与技术还在探讨，自然谬误也难以避免。望读者体谅作者初衷，欢迎提出批评与斧正意见，共同推动我国燃料电池电动汽车的研究与开发工作快速向前发展。

前言

第 1 章 燃料电池电动汽车及其安全问题

1.1 燃料电池电动汽车 ·· 001
   1.1.1 燃料电池电动汽车的定义 ·· 001
   1.1.2 燃料电池电动汽车技术现状 ·· 003
   1.1.3 燃料电池电动汽车动力系统及关键部件 ································· 008
1.2 燃料电池电动汽车的安全性问题 ·· 015
   1.2.1 氢安全问题 ·· 015
   1.2.2 电安全问题 ·· 021

第 2 章 燃料电池电动汽车整车通用安全性

2.1 整车通用安全的一般设计准则 ··· 025
   2.1.1 一般设计准则 ··· 025

目 录

    2.1.2 整车安全失效评估方法 ········ 026

2.2 整车通用安全设计 ········ 027

    2.2.1 失效预警及失效安全设计 ········ 027

    2.2.2 整车电磁兼容（EMC）及电气可靠性设计 ········ 028

    2.2.3 碰撞安全设计 ········ 038

    2.2.4 整车氢气排放和泄漏安全设计 ········ 044

    2.2.5 整车故障防护设计 ········ 046

    2.2.6 整车涉水安全、起火驾乘人员安全设计 ········ 048

    2.2.7 安全标识 ········ 049

2.3 整车通用安全的关键测评技术 ········ 052

    2.3.1 整车 EMC 测评技术 ········ 052

    2.3.2 整车电气系统测评技术 ········ 064

    2.3.3 整车碰撞测评技术 ········ 065

    2.3.4 整车氢气泄漏排放测评技术 ········ 070

第 3 章　燃料电池电动汽车车载氢系统安全

3.1 车载氢系统一般安全要求 ········ 078

    3.1.1 总则 ········ 078

    3.1.2 振动与冲击 ········ 079

    3.1.3 材料选择 ········ 079

    3.1.4 电气系统 ········ 080

    3.1.5 安装及布置 ········ 081

    3.1.6 使用环境 ········ 086

3.2 车载氢系统安全设计 ········ 086

    3.2.1 功能要求 ········ 086

    3.2.2 安全要求 ········ 089

3.2.3 启动与关断 ········· 092

3.3 氢系统结构安全仿真分析 ········· 094

3.3.1 CAE 分析前处理 ········· 094
3.3.2 CAE 分析 ········· 096

3.4 车载氢系统测评技术 ········· 099

3.4.1 供氢系统管路气密性测评 ········· 100
3.4.2 启动与关断功能测试 ········· 100
3.4.3 安全相关测评 ········· 101
3.4.4 振动与冲击测评 ········· 103

第 4 章 质子交换膜燃料电池堆安全

4.1 质子交换膜燃料电池堆通用安全性 ········· 105

4.2 质子交换膜燃料电池堆关键材料、部件及安全影响因素 ········· 106

4.2.1 质子交换膜 ········· 107
4.2.2 MEA ········· 109
4.2.3 气体扩散层 ········· 111
4.2.4 极板 ········· 113
4.2.5 端板 ········· 114

4.3 质子交换膜燃料电池堆设计及安全影响因素 ········· 115

4.3.1 散热设计 ········· 118
4.3.2 密封设计 ········· 120
4.3.3 绝缘设计 ········· 123
4.3.4 其他零部件设计 ········· 125

4.4 质子交换膜燃料电池堆制造、运输及安全影响因素 ········· 126

4.4.1 制造环境 ········· 126
4.4.2 制造工艺 ········· 127

4.4.3　运输 ·· 128

4.5　质子交换膜燃料电池堆测评技术 ··· 129

　　4.5.1　燃料电池堆性能测评 ·· 129

　　4.5.2　电性能测试中的氢、电安全测评 ··· 131

　　4.5.3　机械振动、冲击测试中的安全测评 ··· 137

　　4.5.4　高、低温存储及低温启动测试中的安全测评 ································· 139

　　4.5.5　IP 测试中的安全测评 ·· 140

　　4.5.6　盐雾腐蚀测试中的安全测评 ··· 142

第 5 章　质子交换膜燃料电池系统安全

5.1　质子交换膜燃料电池系统通用安全性 ·· 145

5.2　质子交换膜燃料电池系统关键部件及安全影响因素 ································· 145

　　5.2.1　控制系统及保护部件 ·· 146

　　5.2.2　辅助系统核心部件 ·· 148

　　5.2.3　外壳、管路及连接件 ·· 152

　　5.2.4　导线及接地 ·· 156

5.3　质子交换膜燃料电池系统设计及安全影响因素 ···································· 159

　　5.3.1　热管理子系统及热安全设计 ··· 159

　　5.3.2　氢气子系统 ·· 162

　　5.3.3　空气子系统 ·· 163

　　5.3.4　废气和废水的排放 ·· 164

　　5.3.5　燃料电池系统的高压电安全设计 ··· 165

5.4　质子交换膜燃料电池系统制造、运输及安全影响因素 ······························· 172

　　5.4.1　制造环境 ·· 172

　　5.4.2　安装及制造工艺 ·· 172

　　5.4.3　运输 ·· 174

5.5 质子交换膜燃料电池系统测评技术 ·········· 177

 5.5.1 电性能测试中的氢、电安全测评 ·········· 177

 5.5.2 机械振动、冲击测试中的安全测评 ·········· 181

 5.5.3 高、低温存储及冷冻/解冻循环测试中的安全测评 ·········· 182

 5.5.4 电磁兼容测试中的安全测评 ·········· 184

 5.5.5 报警与关机测试 ·········· 185

第6章 燃料电池电动汽车应用、操作、维护及基础设施

6.1 燃料电池电动汽车日常使用安全注意事项 ·········· 189

 6.1.1 燃料电池电动汽车行驶过程中的安全 ·········· 189

 6.1.2 燃料电池电动汽车停车中的安全 ·········· 190

6.2 燃料电池电动汽车加氢过程中的安全 ·········· 193

 6.2.1 氢气质量要求 ·········· 193

 6.2.2 加注车辆检查 ·········· 194

 6.2.3 氢气加注步骤 ·········· 196

 6.2.4 氢气加注过程中的安全注意事项 ·········· 199

6.3 燃料电池运营车辆的管理 ·········· 200

6.4 燃料电池电动汽车紧急情况处理 ·········· 205

 6.4.1 氢气泄漏处理 ·········· 205

 6.4.2 燃料电池电动汽车火灾处理 ·········· 208

6.5 燃料电池电动汽车检修与维护 ·········· 210

 6.5.1 燃料电池电动汽车检修维护场地要求 ·········· 210

 6.5.2 燃料电池电动汽车检修安全注意事项 ·········· 211

 6.5.3 燃料电池电动汽车维护安全注意事项 ·········· 212

6.6 氢气加注基础设施的安全设计 ·········· 212

 6.6.1 工艺设施安全设计 ·········· 212

- 6.6.2 电气设施安全设计 ... 213
- 6.6.3 建、构筑物安全设计 ... 215
- 6.6.4 消防设施安全要求 ... 215
- 6.6.5 氢气安全监控 ... 216
- 6.7 氢气加注基础设施建设 ... 217
  - 6.7.1 加氢站建设审批 ... 217
  - 6.7.2 加氢站建设安全要求 ... 219
  - 6.7.3 加氢站验收与安全评价 ... 220
- 6.8 氢气加注基础设施运营及管理 ... 222
  - 6.8.1 加氢站运行操作与维护 ... 222
  - 6.8.2 加氢站站控系统 ... 223
  - 6.8.3 计量收费系统 ... 223
  - 6.8.4 加氢站质量管理体系 ... 223
  - 6.8.5 氢气质量管理 ... 224
  - 6.8.6 运行安全规定 ... 225

第7章 总结与展望

参考文献

第1章 燃料电池电动汽车及其安全问题

Chapter One

1. 燃料电池电动汽车的一般概念。
2. 燃料电池电动汽车的定义及其技术发展现状。
3. 燃料电池电动汽车的动力系统及其关键部件。
4. 燃料电池电动汽车特有的安全性问题。

随着全世界汽车保有量日益增多,能源紧缺和环境污染问题愈发凸显,发展新能源汽车将对全球汽车和能源技术、产业以及社会经济发展产生重大而深远的影响。近年来,随着国内外氢能产业的不断发展,燃料电池电动汽车(Fuel Cell Electric Vehicle,FCEV)作为氢能产业链下游集成应用中最为重要的一环,受到广泛的重视,国内氢能的各项产业也主要与燃料电池电动汽车相关。

1.1 燃料电池电动汽车

1.1.1 燃料电池电动汽车的定义

燃料电池电动汽车是一种将车载燃料电池装置产生的电力作为动力的汽车,是电动汽车的一种。车载燃料电池装置所使用的燃料为高纯度氢气或含氢燃料经重整所得到的高含氢重整气。目前常见的燃料电池电动汽车的结构和基本工作原理如图1-1所示,高压储氢瓶为燃料电池系统提供反应所需的氢气,氢在燃料电池中与空气中的氧气发生氧化还原反应产生电能,和辅助电源(Rechargeable Energy Storage System,RESS)一起为驱动电机供电,再由驱动电机带动汽车的机械传动装置,从而驱动汽车前进。

图1-1 燃料电池电动汽车基本结构与工作原理示意图

与传统汽车和纯电动汽车相比,燃料电池电动汽车具有以下特点:

1)以纯氢气作为燃料,生成物为清洁水;以富氢有机化合物重整制得的氢作为燃料,生成物除了水以外可能还有少量二氧化碳,但排放量比内燃机少得多,且不包含其他氮化物、硫化物等污染排放物,具有零排放或近似零排放等优点。

2)燃料电池没有活塞或涡轮等机械部件及中间环节,且不受卡诺循环限制,能量转换效率高;从节约能源角度来看,燃料电池电动汽车具有明显优势。

3)燃料电池电动汽车使用氢的来源广泛,可通过煤和天然气为主的化石能源重整制氢,也可以焦炉煤气、氯碱尾气、丙烷脱氢为主的工业副产气制氢,还可利用可再生能源电解水制氢。因此燃料电池电动汽车的发展减少了对石油资源的依赖,优化了交通能源的构成。

4)燃料电池电动汽车的续驶里程由车载储氢瓶的总容量决定,理论上长途行驶能力接近传统内燃机汽车,克服了纯电动汽车续驶里程短的缺点。此外,燃料电池电动汽车一次氢气加注时间为 5~15min,而纯电动汽车快充也至少需要 30min。因此,燃料电池电动汽车在续驶里程和补充燃料时间上明显优于其他电动汽车。

5)燃料电池在发电过程中运行平稳、噪声低,除了空压机、氢气循环泵(有些燃料电池系统采用引射器的氢循环方案,则无氢气循环泵)和冷却系统以外,无其他高分贝噪声运动部件,因此与内燃机汽车相比,运行过程中的噪声和振动都较小。

综上,燃料电池电动汽车被认为是未来汽车可持续发展的重要方向之一,也是解决全球能源和环境问题的理想方案之一。

1.1.2 燃料电池电动汽车技术现状

基于燃料电池电动汽车的良好前景,各国对其关注程度不断提升。从国外燃料电池电动汽车的发展现状来看,以日本、美国、韩国、德国为代表的众多发达国家的汽车企业以及相关研究机构已经基本上完成了燃料电池电动汽车的性能研发,整车性能已能够满足商业化应用,示范中发现的核心技术问题也基本得到解决。

(1)日本

2014 年,日本在"能源基本计划"中将氢能定位为与电力和热能并列的核心二次能源,并提出建设"氢能社会"的愿景,通过氢能燃料电池在交通、家庭、工业乃至全社会领域的普及应用,实现真正的能源安全。2014 年,丰田汽车在日本发布了燃料电池电动汽车 Mirai,该车的发布直接掀起了全球氢能发展的热潮,也一直是燃料电池电动汽车行业的标杆。整车动力系统是 Mirai 的核心,动力系统配备了功率达 114kW 的燃料电池堆,驱动电机输出功率为 113kW,并能提供 335N·m 的峰值转矩,整车续驶里程可达 550km,最高车速为 178km/h,

足以满足日常应用。2019年10月,丰田汽车在东京车展正式发布第二代Mirai。与第一代相比,第二代Mirai将大小两个储氢瓶垂直布置在底盘,纵向储氢瓶取代了雷克萨斯LS平台的传动轴;另外,高度集成化的燃料电池系统安置于前舱盖下方。丰田公司称新一代Mirai整车性能大幅提升,续驶里程比第一代车型提升了30%。与丰田一样,本田也是全球最早研发燃料电池电动汽车的汽车生产商之一。在2015年,本田推出了燃料电池电动汽车Clarity,该车所配燃料电池堆功率为103kW,燃料电池堆的体积功率密度与Mirai一样,都为3.1kW/L,驱动电机峰值功率为130kW,最大转矩输出为300N·m,整车最高车速为160km/h,续驶里程可达750km,低温启动温度为-30℃。

(2)韩国

2012年,韩国在"绿色新政"中提出了多项与燃料电池和氢能相关的计划,并实施了"绿色氢城市示范"项目,用于燃料电池电动汽车的生产和示范推广。2013年,现代汽车发布了第一款量产燃料电池电动汽车ix35,该车配置100kW燃料电池堆,电机最大功率为98kW,续驶里程为426km。为进一步抢占燃料电池市场,现代汽车于2018年推出了全新燃料电池SUV NEXO,其燃料电池输出功率为95kW,功率密度达到2.47kW/L,驱动电机输出功率为120kW,续驶里程可达600km,最高车速为180km/h,低温启动温度为-30℃。2019年8月,该车在美国公路安全保险协会车辆碰撞测试中获最高等级"顶级安全车"评价,在正面碰撞、驾驶座正面偏置碰撞、前排乘客座正面偏置碰撞、侧面碰撞、车顶刚性碰撞、头部保护装置及座椅安全6项专业安全测试中均获得最高等级"优秀"评级,成为首款荣获全球最高级别认证的燃料电池电动汽车。

(3)欧盟

为了提高欧盟各国的竞争力,有效利用各国的人力物力资源,欧盟制订了统一的研究计划。德国是欧盟内部氢能的积极推动者,在2007年就实施了为期

10 年的"氢能和燃料电池技术国家创新计划"（NIP），并于 2016 年将该计划（NIP-2）进一步延续至 2025 年，以持续推动氢能和燃料电池技术研发和产业化发展。

为响应政策号召，奔驰于 2018 年推出了燃料电池电动汽车量产车型 GLC。该车所配燃料电池堆的功率为 75kW，位于后轴的异步电机的最大功率高达 160kW，峰值转矩为 375N·m，在 RESS 锂离子电池满电的情况下，续驶里程为 487km。奥迪在 2016 年北美车展上展出燃料电池电动汽车 h-tron，该车配置 90kW 燃料电池堆，电机最大输出功率为 140kW，0—100km/h 加速时间为 7s，续驶里程为 600km。

（4）美国

美国也是全球燃料电池电动汽车研发最早的国家之一，2001 年率先提出迈向"氢能经济"的国家目标。通用汽车旗下雪佛兰汽车 2007 年推出全新的 Equinox 燃料电池电动汽车，该车配备的燃料电池堆功率为 93kW，驱动电机功率为 73kW，最高行驶速度为 160km/h。目前，经过十多年的持续支持和努力，加州已有超过 2 万辆的燃料电池叉车在持续运行，成为全球最具示范效应的氢能市场。截至 2019 年 5 月底，加州已部署 41 座加氢站和 5923 辆燃料电池电动汽车。

（5）中国

我国燃料电池汽车技术研发已接近 20 年，始于 2001 年科技部开始实施的"十五"863 电动汽车重大专项。近五年来，国务院、财政部、科技部等发布了一系列支持氢能产业发展的相关政策，将开发燃料电池等新一代能源技术列为战略任务之一。随着近两年燃料电池相关技术的突破和关键零部件国产化水平的逐步提高，燃料电池系统已接近规模产业化水平，国内多家单位的燃料电池车辆已逐步开始量产。上汽集团是国内较早研究燃料电池乘用车的整车厂，先后开发了荣威 750 及荣威 950 系列车型的燃料电池乘用车。其中第四代荣威 950

配备了额定功率为42kW的燃料电池堆，0—100km/h加速时间为12s，续驶里程可达430km，最高车速为160km/h，具备小批量生产能力，代表了中国燃料电池乘用车的较高水平。但与国际上具有领先水平的丰田Mirai、本田Clarity、现代NEXO相比，中国燃料电池乘用车在动力性、续驶里程、燃料电池堆功率等基本性能指标方面仍有一定差距。

国内外典型燃料电池乘用车技术参数对比见表1-1。

表1-1 国内外典型燃料电池乘用车技术参数对比

技术参数	丰田 Mirai	本田 Clarity	现代 ix35	现代 NEXO	奔驰 GLC	奥迪 h-tron	雪佛兰 Equinox	上汽荣威 950
发布年份	2014	2015	2013	2018	2017	2016	2007	2015
续驶里程/km	550	750	415	600	487	600	320	430
最高车速/(km/h)	178	160	160	180	–	–	160	160
0—100km/h加速时间/s	9.6	8.8	12.5	9.7	–	7	12	12
最大转矩/N·m	335	300	300	395	375	–	320	–
电机功率/kW	113	130	98	120	160	140	73	110
燃料电池堆功率/kW	114	103	100	95	75	90	93	42
低温启动温度/℃	-30	-30	–	-30	-25	–	–	-20

受到燃料电池成本和加氢站基础设施的制约，结合中国市场的自身特点，相比承载能力有限的乘用车，中国发展燃料电池电动汽车应选择商用车作为重点方向和战略突破口，目前中国燃料电池电动汽车相关企业已形成百家争鸣的态势。在燃料电池客车方面，福田汽车和宇通客车等主要客运车公司开发了多个车型的燃料电池客车。

1）福田第一代燃料电池客车在北京奥运会和北京市801路公交车示范运行里程超过7.5万km；第二代燃料电池客车在北京384路公交线运营，行驶总里程 6.5 万 km 以上，并验证了 -15℃ 低温启动性能；第三代燃料电池客车 BJ6852 可实现 -20℃ 低温启动、-46℃ 低温存放，此车将服务于 2022 年冬奥会。

2）宇通客车于 2009 年也成功推出了第一代增程式燃料电池客车；2013 年，第二代电 - 电混合燃料电池客车问世；2016 年，第三代燃料电池客车正式发布。

3）上汽大通经过多年研发，于 2016 年发布首款燃料电池宽体轻客电动汽车 FCV80，可实现 -20℃ 低温启动。

4）在非载客燃料电池电动汽车方面，东风特汽、中国重汽、潍柴动力等也相继开发出了不同功率等级的重型载货车、物流车和牵引车等专用车。

目前我国实际正在示范运行的燃料电池商用车的发动机功率多为 30～60kW，虽然部分公告车型的发动机功率达到 100kW 以上，但实际使用效果仍处于验证阶段。

国外多家整车厂也开展了燃料电池商用车的研究，美国 Van Hool 客车和 New Flyer 客车的燃料电池发动机的功率分别达到了 120kW 和 150kW，奔驰也推出了 120kW 的燃料电池客车，日本日野客车推出了功率高达 $2 \times 114kW$ 的燃料电池客车。

从燃料电池领域专利总量上来看，日本和美国在燃料电池领域的研究在全球范围内遥遥领先，中国处于第二梯队。从专利申请人来看，燃料电池的研究主要以车企为主，丰田相关专利领先全球所有企业，在多个关键技术上均处于绝对领先地位，技术最为全面且没有明显的短板，对控制技术尤为重视。美国专利数量排名第二，虽然数量上与日本存在较大差距，但各关键技术发展比较均衡。自 2000 年起，在政策的大力支持下，我国燃料电池领域研究发展迅速，年申请专利数快速增长。2018 年中国专利申请量达到 4842 件，同比增长 13.93%，年申请量超过美日欧等国家和地区。目前我国在该领域专利总数量排名第三，技术上比较重视电极和催化剂的研发，但由于起步较美国和日本晚，与世界领先水平相比，国内企业在燃料电池领域的研究深度和广度还有一定差距。

总体而言，燃料电池电动汽车正处在由技术研发向商业化推广的过渡阶段，各国对燃料电池电动汽车的重视不断升温，投入持续增加。相比之下，日本政府对燃料电池及燃料电池电动汽车技术的推动力度更大，技术水平也更高，其先进的燃料电池乘用车车型已经初步实现了商业化，在燃料电池电动汽车领域走在了世界前列。我国燃料电池电动汽车虽然也正在快速发展，但与国际上具有领先水平的同类车型相比仍有一定差距。

1.1.3 燃料电池电动汽车动力系统及关键部件

按照动力源的不同，燃料电池电动汽车可分为全功率燃料电池电动汽车和电－电混合燃料电池电动汽车两类。其中，全功率燃料电池电动汽车的动力源只有燃料电池，它必须提供汽车行驶过程中所需的所有功率，主要特点在于结构布置简单，但需要大功率、高动态响应的燃料电池，造车成本会进一步增加；同时燃料电池没有能量存储的功能，不能对制动减速时的动力进行回收，降低了能源利用率；此外，长时间频繁变载工况也会对燃料电池寿命造成较大衰减。考虑到全功率燃料电池电动汽车的不足，目前各大汽车厂商把精力主要集中在燃料电池与 RESS 的电－电混合技术方案上。

按照燃料电池在整车需求功率占比的不同，电－电混合燃料电池电动汽车可分为能量混合型和功率混合型。

1) 能量混合型主要是指燃料电池提供的功率在整车需求功率中的占比较少，部分需要 RESS 来提供；该类型汽车需要功率较大的 RESS，整车质量会明显增加，对整车动力经济性有一定的影响。

2) 功率混合型是指燃料电池提供的功率占整车需求功率较大的比例，降低了对 RESS 的功率需求，减轻了整车质量。在功率混合型系统中，RESS 一般只在加速、爬坡等需求大功率的工况下与燃料电池共同提供动力。图1-2为典型燃料电池电动汽车动力系统拓扑结构图，主要包括燃料电池系统、RESS、DC/DC变换器、DC/AC变换器、驱动电机、车载储氢系统等。其中燃料电池系统经DC/DC变换器升压后达到驱动电机所需的高电压，RESS如动力电池则并联在高压母线上。

图1-2　典型燃料电池动力系统拓扑结构图

1.1.3.1　燃料电池系统

燃料电池系统是整个燃料电池电动汽车动力源的核心，其特性表现的好坏直接决定了整车在市场上的竞争力。燃料电池系统通常由燃料电池堆和附件系统组成，附件系统包括氢气供给子系统、空气子系统、热管理子系统等。典型的燃料电池系统拓扑结构如图1-3所示。

（1）空气子系统

空气子系统主要为燃料电池堆提供反应所需的压缩空气，主要由过滤器、空压机、质量流量计、中冷器、加湿器、节气门等组成。

1）空气中有许多杂质，因此需要用过滤器对其中的物理和化学杂质进行过滤。

2）为了保证燃料电池堆的反应效率，反应空气需要具有一定压力，故采用空压机对环境大气进行压缩。

3）压缩过后的空气温度可达200℃及以上。为防止进气温度过高而损伤燃料电池堆，需要中冷器对压缩后的空气进行冷却。

图 1-3 典型的燃料电池系统拓扑结构图

4)为防止交换膜出现膜干的现象,进入燃料电池堆的空气需进行加湿处理。目前膜加湿器是市场上燃料电池发动机的主流技术,通常利用排出燃料电池堆的水气对进气进行加湿,而丰田 Mirai 的燃料电池系统则取消了外部加湿方案。

5)发动机停机时,阴极内部有未反应完的氧气,与未反应的氢气容易形成氢-空界面,从而形成过电势使催化剂层发生不可逆的衰退。因此发动机停机后,需关闭前节气门和后节气门,并与 DC/DC 变换器内的放电电阻配合,充分消耗燃料电池堆内部剩余的反应气体。

(2)氢气供给子系统

氢气供给子系统为燃料电池堆提供反应所需的氢气,包括温度传感器、压力传感器、氢气喷射器(或比例阀)、氢气循环泵、吹扫电磁阀、气水分离装置等。

1）氢气喷射器通常由多个电磁阀并联组成，控制原则一般是通过采集阴极入口压力值和阳极入口压力值，保证阴阳极压差在合理的范围内，防止两端压差过大而损坏燃料电池堆。

2）氢气循环泵是燃料电池系统辅助部件中的关键部件，配备氢气循环装置可以有效提升氢气利用率，并使得阳极侧氢气的分配更加均匀，同时带走从阴极渗透至阳极的液态水和氢气。引射器也可作为氢气循环动力器件之一，主要利用射流使不同压力流体相互混合来传递能量和质量，其优点在于无运动部件，无额外功耗，结构简单，工作可靠，安装维护方便，密封性好。

3）吹扫电磁阀主要有排水电磁阀和排气电磁阀，从阳极排出的水气混合物经过气水分离后，液态水经过排水阀排出，多余的氢气通过排气阀排出。为了防止经循环泵循环的氢气再次进入燃料电池堆时因温差而发生冷凝，可以在阳极入口处也布置一个气水分离装置。

（3）热管理子系统

热管理子系统主要分为主散热回路和辅助散热回路。

1）主散热回路对燃料电池堆进行冷却，若燃料电池堆冷却不充分，则温度将上升甚至超过理想运行温度上限，影响整个系统的性能。主散热回路又分为大循环和小循环。

① 大循环工作方式为：燃料电池堆启动时为了快速升温，冷却液不经过主散热器，且 PTC（Positive Temperature Coefficient）根据指令需求对冷却液进行加热。

② 小循环工作方式为：待燃料电池堆温度上升到一定程度时，三通阀节温器开始工作，冷却液经过主散热器，同时散热风扇开始工作，将冷却液热量通过散热器吹至大气环境中，使进入燃料电池堆冷却液的温度在要求范围内。

大循环水泵主要驱动冷却液流动，流量可通过转速调节；颗粒过滤器主要过滤冷却回路中的物理颗粒；去离子器主要过滤冷却液中的导电粒子，防止冷却液电导率过高引起绝缘问题。一般去离子器的流通口径较小，流阻较大，常并联在主散热回路内。除了需要对燃料电池堆进行冷却外，空压机和DC/DC变换器等零部件也需要冷却。

2）与主散热回路相比，辅助散热回路所需流量较小，因此辅助散热回路对水泵扬程和流量的要求较低。

车载燃料电池通常采用质子交换膜燃料电池，具有工作温度低、动态响应快、冷启动速度快等优点。工作时，单片电池电压通常为 $0.6 \sim 0.8V$，为满足整车的功率、电压需求，通常将多个单体电池以串联方式层叠组合，构成燃料电池堆。将双极板与膜电极交替叠合，在各单体电池之间嵌入密封件，经前、后端板压紧后用螺杆或者绑带紧固拴牢。燃料电池反应所需气体、温度和散热均由上述子系统控制，封装燃料电池时需配置电压巡检（Cell Voltage Monitor，CVM），以判断各单体电池的工作状态。

1.1.3.2 燃料电池系统用DC/DC变换器

DC/DC变换器主要用于燃料电池负载控制，通过单向DC/DC变换器实现对燃料系统输出功率的控制，使得燃料电池的输出功率与整车需求功率解耦，将整车需求功率进行低频滤波，燃料电池提供相对平缓的功率需求，保证燃料电池工作在相对平稳的工作区间内，避免频繁负载变化对燃料电池造成不可逆的衰退，从而延长燃料电池堆的使用寿命。此外，DC/DC变换器对燃料电池进行升压后，燃料电池的输出电压不需要和电机驱动电压进行匹配。

目前DC/DC变换器多采用多路交错并联控制，可减小电流纹波并提供更大的输入电流，提高燃料电池的耐久性。此外，基于电流的控制技术可提高电流响应速度，并抑制电压波动的影响。除了对燃料电池输出功率进行控制外，部分燃料电池电动汽车（如丰田Mirai）的DC/DC变换器集成了交流阻抗装置，可将一个幅值较小、某特定频率（Mirai为300Hz）的交流负载扰动叠加在直流负载上。通过对施加扰动时的燃料电池堆电压和电流进行实时快速傅里叶变换，得到实时的膜阻抗,将该值反馈至燃料电池系统控制器用于控制进气流量和压力,以保证交换膜处于相对湿润的状态。

1.1.3.3 燃料电池车载储氢系统

车载储氢系统包括储氢装置或制氢装置、安全阀、氢气泄压阀、氢气减压阀、氢气温度传感器、氢气压力传感器、氢气管路、高压接头、电磁阀、碰撞传感器等,典型结构如图 1-4 所示。车载储氢技术包括高压储氢、液氢储氢、金属氢化物储氢、吸附储氢以及车载甲醇重整储氢等。其中,高压储氢是将氢气直接压缩,以高密度气态形式存储,具有成本低、充放氢速度快等优点,是目前发展最成熟的储氢技术,也是目前车载储氢应用最广泛的方法。

图 1-4 典型车载储氢系统

高压储氢瓶主要分为全金属气瓶(Ⅰ型)、金属内胆纤维环向缠绕气瓶(Ⅱ型)、金属内胆纤维全缠绕气瓶(Ⅲ型)、非金属内胆纤维全缠绕气瓶(Ⅳ型)。

1)Ⅰ型气瓶和Ⅱ型气瓶的重量容积比较大,难以满足单位质量储氢密度要求,多用于固定式存储。

2)国内车载储氢瓶多为Ⅲ型气瓶,Ⅳ型气瓶目前仍处于研发和小批量试制阶段，而国外车载储氢瓶多为Ⅳ型气瓶。

3) 除此之外，国外已经在研发Ⅴ型储氢瓶（无内胆纤维缠绕），这方面在国内目前尚未展开较为深入的研究。

典型的车载高压储氢瓶通常包含三层：最里为内衬材料，用于密封氢气；内衬外为碳纤维缠绕层，主要用于承受高压气；缠绕层外为过渡层，用于承受冲击，最外层主要用于防跌落和防冲击。储氢瓶还配备手动或电动的高压阀门，高压阀通常采用铝制阀体，以防止发生氢脆。

1.1.3.4 可充电储能系统

目前常见的可充电储能系统（Rechargeable Energy Storage System，RESS）有镍氢电池、锂离子电池和超级电容器等。由于燃料电池具有相对较软的输出特性，燃料电池与辅助电源构成的复合电源混合动力系统是现阶段燃料电池电动汽车动力系统的主流趋势。燃料电池电动汽车启动过程中，燃料电池输出尚未稳定，动力系统及整车各子系统中的控制、检测等电路需要的电能均由RESS提供。

在使用锂离子电池作为RESS时，须使电池工作在合理的电压、电流、温度范围内，所以必须有电池管理系统（Battery Management System，BMS）对电池进行有效的管理。BMS的功能主要包括数据采集、数据显示、荷电状态（State of Charge，SOC）估计、健康状态（State of Health，SOH）估计和功率状态（State of Power，SOP）估计、热管理、数据通信、安全管理、能量管理和故障诊断，其中能量管理还包含了电池电量均衡功能及充电管理功能等。

1.1.3.5 电机驱动系统

电机驱动系统的主要作用是将电能转化为机械能，从而驱动车辆行驶，或在制动过程中将车辆动能转化为电能，存储到RESS中。电机驱动系统的性能主要由车辆驾驶性能要求、车辆性能约束以及车载动力源性能决定。驾驶性能要求是指包括加速性能、最大车速、爬坡能力、制动性能以及续驶里程等性能在内的驾驶模式；车辆的性能约束主要是指车型、车重和载重等；车载动力源性能主要与燃料电池系统和 RESS 有关。因此，电机驱动系统的选型以及整体匹配应该在系统水平上进行优化，必须仔细研究各个子系统之间的相互作用以及系统的整体匹配。在新能源汽车上，常见的驱动电机有直流有刷电机、交流异步电机、永磁无刷电机、开关磁阻电机四类，其中永磁无刷电机具有能量密度和效率高、体积小质量轻的特点，是燃料电池电动汽车常用的电机类型。

1.2 燃料电池电动汽车的安全性问题

1.2.1 氢安全问题

氢是元素周期表中的第一位元素，也是最轻的元素。在地球上氢多以化合物的形式存在，游离态的氢单质相对罕见。氢气最早于 16 世纪初被合成。常温常压下，氢气是一种极易燃烧、无色透明、无臭无味的气体，其使用危险程度较高，因此如何保证用氢安全对氢能的大规模市场化推广至关重要。

目前，氢安全问题在世界范围内引起了广泛关注，如日本、美国、加拿大等国家成立了专门的研究机构开展氢安全研究，并推出了多个安全法规或标准。美国 SAE 制定了 SAE J 2578：2014《燃料电池汽车通用安全推荐规程》，国际标准化组织（ISO）发布了 ISO 23273：2013《燃料电池道路车辆 安全性规范 带压缩氢燃料汽车用氢危险防护措施》，提出了燃料电池电动汽车安全性的相关测试要求，其中对车辆的一般性要求、燃料系统的安全、燃料电池系统的安全、电力系统的安全、机械安全等都有相应的强制性法规要求。此外，国际上也专门成立了氢安全协会来推动氢安全的发展。该协会每两年组织一次国际氢安全会议（ICHS），为展示和探讨氢安全领域的最新研究成果，以及分享氢安全相关信息、政策和数据提供了一个开放的平台。我国也同样高度重视氢安全问题，相关机构也在氢安全领域开展了大量研究。

1.2.1.1 氢气特性

（1）泄漏与扩散特性

氢分子尺寸较小，与其他气体或液体燃料相比更容易从缝隙或孔隙中泄漏。且氢气扩散系数比其他气体更高，并且具有较大的"浮力"，在空间上能够以很快的速度上升，同时进行快速的横向移动扩散。因此当氢气泄漏时，氢气将沿着多个方向迅速扩散，并与环境空气混合，达到低于可燃下限的安全水平。

氢气的泄漏也受到空间内的通风条件、障碍物等因素的影响。通风条件则涉及通风口的位置、大小和风速。当通风口大小一定时，其位置改变会影响空间中气流的流向，进而影响空间氢气浓度场的分布。当地下车库没有车时，氢气泄漏的浓度呈现梯度分布，车库顶部浓度最高，泄漏一段时间后，浓度梯度开始减小，直至整个车库充满氢气；当车库有车时，氢气会先在汽车底部累积，在竖直方向上浓度分散得较为均匀，梯度不大，但点燃发生的破坏更大，因此混合气体增长速率和浓度分布是决定应急时间和探测器分布的基本依据。

（2）与材料的相互作用

氢脆是溶于金属中的高压氢在局部浓度达到饱和后引起金属塑性下降、诱发裂纹甚至开裂的现象。氢脆的影响因素众多，例如环境的温度和压力，氢的纯度、浓度和暴露时间，以及材料裂纹前缘的应力状态、物理和机械性能、微观结构、表面条件和性质。另外，使用了不当材料也易产生氢脆问题。因此，氢环境下应用的金属材料要求与氢具有良好的相容性，须进行氢与材料之间的相容性试验，主要包括慢应变速率拉伸试验、断裂韧度试验、疲劳裂纹扩展速率试验、疲劳寿命试验等。

（3）燃烧与爆炸特性

氢气的燃烧爆炸会产生较高的温度场或压力场，对周围的人员财产产生巨大的危害。在常温下,氢除非以某种方式(比如适当的催化剂)被激活,否则其活性不强。在环境温度下,氢与氧反应生成水的速度非常慢。但是,如果通过催化剂或火花加快反应速度,它就会以高速率和"爆炸"力继续反应。

1)易燃性:氢气是一种极易燃的气体,燃点只有574℃。目前国际上在氢气自燃方面普遍接受的是逆焦耳-汤姆逊效应、静电点火机理、扩散点火机理和热表面点火机理。点火源包括快速关闭阀门产生的机械火花,未接地微粒过滤器的静电放电,电气设备、催化剂颗粒和加热设备产生的火花,通风口附近的雷击等。必须以适当的方式消除或隔离点火源,并应在未预见点火源的情况下进行操作。现有试验主要研究初始压力、管道长度、管道截面形状、爆破片爆裂速率等对氢气自燃的影响。

2)爆燃爆轰:氢气与空气形成的蒸气云爆炸属于爆燃范畴,是不稳定过程。在爆燃过程中,氢气点燃形成的火焰不断加速,甚至超过声速,从而形成爆轰波。火焰加速和爆燃爆轰转变是影响爆炸强度的关键因素。通过对现有数据的保守估计可知,氢气在空气中的爆炸浓度范围为4%~75.6%(质量分数)。相比甲烷的5%~15%,氢气的爆炸极限体积分数范围较宽。但为了避免爆炸,需将 w_{H_2}(氢气的质量分数)控制在4%以下。若在封闭区间内发生爆炸,例如车载储氢瓶内,压力瞬间可达到初始压力的几倍甚至几十倍,因此为了避免发生该事故,通常在车载储氢系统上安装安全泄放装置。此外,设置安全措施(防止爆燃转爆轰的发生)也是十分重要的。事实上,在露天场地,静止的化学计量氢-空气混合物产生的压力波只有0.01MPa(低于造成耳膜损伤的压力级别),而氢-空气混合物爆轰则会伴随着高出两个数量级的压力,约为1.5MPa(远高于可致命的0.08~0.10MPa压力范围)。

3)淬熄:氢气火焰很难熄灭。例如,由于水气会加大氢-空气混合气体燃烧的不稳定性,加强燃烧能力,大量水雾的喷射会使氢-空气混合燃烧加剧。与其他可燃气体相比,氢气的淬熄距离最低。由于氢存在重燃和"爆炸"的危险,通常只有切断氢供应后,才能扑灭氢火。

1.2.1.2 燃料电池电动汽车氢安全

燃料电池电动汽车氢安全主要包括车载高压储氢和燃料电池系统的氢安全问题,主要涉及以下几个方面。

(1) 材料安全防护

氢气与金属材料接触会发生氢脆效应。在常温常压下,氢气不会对金属部件产生明显的腐蚀,但是在高压下,溶解于金属中的高压氢气会引起金属塑性下降、诱发裂纹甚至开裂的现象。如果金属管路材料选择不当,则可能会发生氢脆效应,引起氢泄漏。因此需要选择合适的储氢、运氢材料。

目前高压储氢瓶主要是采用铝合金或合成材料来避免氢脆的发生。例如,如图1-5所示,丰田 Mirai 在进行储氢瓶设计时,最内的塑料内衬采用了尼龙材质,内衬之外分别是增强气瓶强度的碳纤维增强树脂与防止磕碰的玻璃纤维强化层,最外层是防跌落、防火的聚氨酯保护层。其他厂家如美国的昆腾和丁泰克公司现出售的塑料内胆和铝内胆碳纤维缠绕的高压储氢瓶也同样较好地解决了氢脆问题。

图 1-5 车载储氢瓶结构示意图

另外，供氢管路在高压力下也需要避免氢脆现象发生。目前车载供氢管路都采用316不锈钢。有研究表明，316不锈钢在45MPa和80℃氢气环境下的拉伸性能、低应变速率拉伸性能、疲劳性能和疲劳裂纹扩展性能与在惰性气体和空气中的性能结果相同，因此316不锈钢在室温下具有较好的抗氢脆性能。

（2）储氢系统安全防护

储氢系统安全防护装置主要利用储氢系统控制器，对关键参数如压力、温度等进行采集并进行相关安全诊断。一旦发生故障，就通过控制器及时对相关阀类部件进行操作，使燃料电池电动汽车处于安全状态。氢系统安全设施主要如下：

1）压力传感器：储氢瓶内的压力传感器实时测量内部气体压力，可判断气瓶内剩余气量，从而用于剩余行驶里程估算。当气体压力低于某一定阈值时，提醒驾驶员加注氢气。

2）温度传感器：用于测量储氢系统内部和周围环境温度。在传感器没有故障的前提下，若测量的温度发生异常，则说明气瓶周围有发生火烧的可能，可通过储氢系统控制器报警，并切断供氢电磁阀。此外，目前高压储氢是应用最为广泛的车载储氢方式，常见的Ⅲ型储氢瓶采用了复合缠绕铝内胆纤维结构，氢气在快速加注过程中会出现明显升温，这会对复合材料的树脂黏合剂产生影响，从而导致剥离现象，进而影响储氢瓶的承载能力和安全性。因此氢气加注过程中需要温度传感器实时监控。

3）气瓶安全阀：主要用于储氢瓶泄压，防止瓶体内部压力过高，保证气瓶工作在安全压力范围内。

4）气瓶电磁阀：该电磁阀需要具备防爆功能，不通电情况下处于常闭状态，主要作用是气瓶开关。当系统正常工作时，电磁阀处于打开状态，一旦发生氢气泄漏且超过限定值，储氢系统控制器就关闭该电磁阀，从而切断氢气源。

5）加氢口：加注时与加氢枪相连，具有单向阀功能。

6）管路电磁阀：加氢时可以有效防止氢气进入燃料电池。

7）减压阀：将储氢瓶出口高压减压至喷射器或比例阀前端适宜压力范围。当出现异常情况时，可以与安全阀、针阀联动，将储氢瓶中残余的氢气安全排放到空气中。

（3）储氢系统安全监控

储氢系统安全监控主要可以通过以下措施实现：

1）车载储氢系统安全监控：对燃料电池电动汽车储氢、运氢，乘客舱、燃料电池系统的氢气浓度、温度、部分管路压力等进行实时监控，一旦发生异常，就主动关闭供氢系统，确保燃料电池车辆安全。

2）氢气泄漏监控：在燃料电池电动汽车的储氢瓶、燃料电池发动机、乘客舱等易于发生氢气聚集和泄漏的地方布置氢气浓度传感器，实时检测关键位点处的氢气浓度。一旦发生氢泄漏，就立即采取相应措施以保证乘客安全。任何一个浓度传感器检测到氢气浓度超过一定阈值时，就发出对应等级的报警或警告，并将故障信息通过声光报警方式反馈至驾驶员。

3）加注安全监控与防护：给 70MPa 车载储氢瓶加氢时，储氢瓶内的压力传感器一旦超过限定值，车载储氢系统控制器就通过车-站红外通信系统，立即向加氢机控制器发送停止加氢及储氢瓶压力过高的信息。此外，加氢枪前端应配置温度传感器和压力传感器，同时需要具有环境温度补偿、软管拉断保护及优先顺序加气控制系统等功能。

4）储氢瓶温度监控：加氢过程中，车载储氢系统电磁阀本身处于关闭状态。若采用 70MPa 车载氢系统，则该系统一旦检测到温度过高或过低，就将故障信号通过声光报警方式反馈至驾驶员，并将故障报警信号反馈至加氢机请求停止工作。

5）供氢管路压力监控：燃料电池工作时，对整个供氢管路关键位点的压力进行实时监控。一旦超过或低于限值，该监控装置就会发出警告或报警信号，并立即响应动作,将故障信号以声光信号反馈至驾驶员。

6)电气元件短路监控:储氢系统控制器检测到电气元件发生短路时,立即使供氢系统断电并关闭供氢系统所有的电磁阀,同时将故障信号通过声光信号反馈至驾驶员。

(4)碰撞安全防护

燃料电池电动汽车安全碰撞防护装置主要是防止储氢系统、燃料电池系统、各类阀件等部件发生碰撞时不受到破坏或将破坏降至最低,并保护整车氢安全。除了对这些关键部件本身进行防撞设计外,还需通过位置布置、固定装置保护和惯性开关来监控碰撞并与整车监控系统联动,通过自动断电、自动关闭阀门等措施来避免灾难的发生。

1.2.2 电安全问题

如果燃料电池电动汽车发生高压漏电,就可能对车上乘员造成触电伤害。

(1)燃料电池电动汽车绝缘安全

根据 GB/T 18384—2020《电动汽车安全要求》:在最大工作电压下,直流电路绝缘电阻最小值应大于 $100\Omega/V$,交流电路最小值应大于 $500\Omega/V$;如果直流和交流的 B 级($U_{DC}>60V$,$U_{AC}>30V$)电压电路可导电地连接在了一起,则必须满足大于 $500\Omega/V$,或交流电压电路采取加强绝缘或附加防护措施后满足大于 $100\Omega/V$。目前燃料电池电动汽车动力系统中的燃料电池、锂离子电池属于直流源电路,而驱动电机、方向助力电机等属于交流电压电路。如果没有特殊措施,那么属于直流和交流的 B 级电压可导电地连接在一起,应当执行 $500\Omega/V$ 的标准。图 1-6 为 B 级电压触电安全原理图。

目前,受到燃料电池结构和加工工艺影响,无法对燃料电池的冷却水道进行绝缘处理。燃料电池系统的绝缘阻值受冷却液电导率的影响较大,为此需要实时保证冷却液的电导率低于特定限值。此外,还可对整车交流电压电路进行

图 1-6　B 级电压绝缘电阻

加强绝缘处理，使得附加防护后整车绝缘达到要求；但驱动电机、方向助力电机等交流高压电路布置分散、空间不规则，实施加强绝缘或附件防护难度较大，且影响后续维修的方便性，施工及保持难度较大。同样，可将燃料电池与其他高压电路进行隔离，各隔离区分别满足绝缘要求即可。采用该绝缘方案，燃料电池堆部分直流电压电路与其他 B 级交流电压不发生可导电连接，此部分电路按直流标准 $100\Omega/V$ 即可确保安全。但隔离式的绝缘方法成本高，需要两套绝缘阻值监控，且隔离式 DC/DC 变换器的效率总体低于非隔离式 DC/DC 变换器，整体体积也较大，导致整车布置难度较大。

（2）燃料电池电动汽车碰撞高压电安全

燃料电池电动汽车碰撞高压电安全的目标是要杜绝碰撞过程中发生高电压漏电的现象，因此整车高压回路也必须设置碰撞切断系统，以保证汽车发生碰撞后，即使高压线束遭到破坏，也不会发生漏电风险。

发生严重碰撞时，必须自动断开高压回路。为此，须在整车上配置惯性传感器等来监测碰撞是否发生。发生碰撞时，若惯性开关被激活，则该信号传至整车控制器后，整车控制器将发出关闭供氢系统、关闭燃料电池继电器、关闭动力电池继电器等指令，各控制器接收到关闭指令后迅速执行相应动作——在高压电发生泄漏之前切断所有高压电供应，并同时切断氢气供给。为保证整车碰撞在各种工况下都能够被检测到，整车惯性开关必须设置多个，并设置在不同部位，防止因某个惯性开关发生故障而导致未检测到碰撞信号。同时为了防止误触发碰撞安全保护，不能选用过于灵敏的惯性开关，否则汽车正常行驶过坑洼或起伏较大的路段时，易发生误触发从而导致车辆动力源被切断；也不能选择触发条件过高的惯性传感器，否则当实际碰撞发生、部分高压电系统零部件损坏而导致高压电泄漏时，高压回路和动力蓄电池的继电器却未得到切断指令，从而给乘员人身安全带来危害。

（3）电子元器件氢安全防护

除了防护高压漏电对整车绝缘和氢安全的危害，还需考虑低压电子元器件对氢安全的影响。为防止电路中产生电火花点燃泄漏或管路中的氢气而发生燃烧或爆炸事故，燃料电池电动汽车的电气元件阀体均采用相应级别的防爆、防静电、阻燃、防水、防盐雾材料。例如，燃料电池电动汽车的氢浓度传感器需要选择防爆型，当氢气浓度达到限值时，触点式传感器会通过触点动作传输信号，容易产生火花而引发事故；同时为了防止继电器动作时发生电弧放电而点燃氢气，储氢供氢系统中的电磁阀需要选用防爆固态继电器。

第 2 章　燃料电池电动汽车整车通用安全性

Chapter Two

1. 燃料电池电动汽车整车通用安全的一般设计准则。

2. 整车通用安全的设计技术从失效安全、整车 EMC 及电气可靠性、碰撞安全、氢气排放与泄漏安全、整车人员保护、安全标识等方面。

3. 整车通用安全的测评技术从 EMC 测评、电气系统测评、碰撞测评、氢气泄漏测评等方面。

燃料电池电动汽车（FCEV）的安全属性除了氢安全、电安全等特性安全以外，还包括碰撞安全（结构安全）、防火安全、涉水安全、整车 EMC 及电气可靠性等通用安全。随着近些年 FCEV 在国内各地的推广和示范运行，燃料电池电动汽车的安全要求逐步形成。这些安全要求和设计准则为燃料电池电动汽车的安全运行起到了重要的支撑作用。

1）2009 年，全国汽车标准化技术委员会制定了 GB/T 24549—2009《燃料电池电动车 安全要求》，该标准分别规定了燃料系统、燃料电池系统、动力电路系统、整车功能及紧急情况下的安全要求，对燃料电池电动汽车设计开发和运营工作起到了积极引导，并基本满足对燃料电池电动汽车的安全需求。

2）美国于 2008 年发布 SAE J 2578《燃料电池汽车通用安全推荐规程》，并于 2013 年对其进行了修订。这份推荐标准为设计和制造燃料电池电动汽车的储氢系统提供了基本要求，以最大限度地减少操作和维护中的风险，并提供了基本的性能测试标准用于设计方面的性能验证。

3）GTR13 是燃料电池电动汽车领域的首部国际性法规，其主旨是保证燃料电池电动汽车达到与传统汽车同样的安全级别，避免人员受到氢气爆炸或燃烧等伤害，同时简要介绍了紧急情况下如何避免车内人员受到伤害和急救措施。GTR13 是较为基础的法规，为世界各国制定此类标准提供了基础。

4）ECE R134 基本等同采用了 GTR 13 的内容，但未涵盖动力总成部分的电安全、碰撞后氢系统的完整性和使用液氢方面的注意事项。

本章参考上述标准，对一般设计准则、整车通用安全设计、整车通用安全测试及评价分别介绍，旨在全面立体地说明整车层级的安全设计要求和安全检测要求。

2.1　整车通用安全的一般设计准则

2.1.1　一般设计准则

相对于纯电动汽车而言，燃料电池电动汽车的安全问题增加了氢安全相关内容。鉴于氢易燃易爆的特性及整车的氢电耦合使用环境，氢安全将直接影响到整车的安全性，且比纯电动汽车的安全性更为复杂。因此燃料电池电动汽车除了应符合相关的国家机动车强制性标准要求和电动汽车安全要求外，还应满足以下一般原则：

1）失效安全原则。在进行涉氢系统设计时，必须保证即使当某一零部件失效时，也不会因之导致更加严重的后果。换言之，当系统单一零部件出现故障时，系统是安全的。

2）最简化原则。在进行涉氢系统设计时，在满足安全需求和使用需求的前提下，系统应尽可能简化，避免冗余。

3）区域布置原则。在进行涉氢系统安装时，应将系统零部件尽可能集中布置，并根据压力等级进行分区域布置。

4）氢电隔离原则。在进行涉氢系统安装时，应将涉氢系统与电气系统进行有效隔离。隔离措施可以是系统的物理隔离，也可以是针对可能产生火花的零部件自身的隔离，例如采用防爆元器件。

5）氢气浓度报警原则。汽车应有和氢气浓度探测器联动的安全措施。氢气积聚体积分数达到1%之前，就能够利用声响报警装置或者紧急提示等方法，提示驾驶员或者汽车使用者注意；氢气体积分数达到2%时，应能自动切断氢气源、电源等。

6）氢气快速逸散原则。在进行涉氢系统设计与安装时，应充分考虑氢气泄漏后会快速飘逸到管路上方的现象，整车布置应避免存在氢气残余死角，通过传感器检测或其他装置将氢气尽量引到车外。

2.1.2 整车安全失效评估方法

整车通用安全的核心在于保护人员免受危险因素的影响。应针对燃料电池电动汽车的潜在失效进行安全设计，燃料电池电动汽车的潜在失效后果主要包括：

1）使用功能失效：由子系统或部件故障引起的车辆系统损坏，无法正常使用。

2）严重故障失效：车辆运行过程中系统零件故障和/或由外部事件（如碰撞）导致的车辆系统损坏。

3）误操作失效：车辆运行、维修过程中出现由操作失误引发的危险，例如高电压、极端温度、高气压，以及易燃或有毒流体。

针对上述整车安全，应进行设计失效模式与影响分析（Design Failure Mode and Effects Analysis，DFMEA）和过程失效模式与影响分析（Process Failure Mode and Effects Analysis，PFMEA），用来确定潜在失效模式及其原因的分析，识别相关项中因故障而引起的危害，并对危害进行归类，制定防止危害事件发生或减轻危害程度的安全目标,以避开不合理的风险。

2.2 整车通用安全设计

2.2.1 失效预警及失效安全设计

2.2.1.1 故障分级及处理机制

燃料电池电动汽车的功能安全设计要求满足 GB/T 24549—2009 的相关内容。推荐参照 GB/T 34590—2017 相关规定进行电控系统的功能失效分析和安全目标设计。针对车辆的不同故障等级,制定不同的故障处理机制,表 2-1 给出了某车型设计中的故障分级及处理机制示例。

表 2-1 燃料电池电动汽车故障分级及处理机制示例

故障级别	说明	处理机制
三级故障	严重故障	车辆下高压
二级故障	较严重故障	车辆限制转矩输出
一级故障	警告故障	仪表提示

一级故障对燃料电池的影响不大,但是故障时间较长可能会引起二级故障,因此仅在仪表盘对驾驶员进行警示,由驾驶员评估风险。

二级故障会造成燃料电池性能下降,此时故障处理可以是降低燃料电池输出功率,并且告知整车控制系统。

三级故障会造成燃料电池严重损坏或违反法律法规,此时的故障处理方案可以是燃料电池系统急停,并且告知整车控制系统评估此时的风险,但是不建议引起车辆运行过程中突然的失动风险。

2.2.1.2 危害的隔离和分离

与传统汽车及纯电动汽车不同的是,燃料电池电动汽车的危害隔离应重点考虑氢的有效隔离，常用的设计方案是将可能产生电弧或火花等火源的点与氢系统进行隔离，或将可能产生静电、电弧及火花的地方可靠接地。

1）在设计层面，氢系统应考虑：

① 应优先选择布置在利于通风释放的部位，若无法满足此条件，则应增加必要的通风设计以避免氢气聚集引发危险。

② 氢系统与电气系统，尤其是高压电气系统应保持一定的安全距离（比如对商用车，安全距离重点关注线束接插件距离氢气管接头的距离，一般大于100mm；如果接头有防护，则距离可适当减小），避免电火花的能量引燃氢气。

③ 车辆有故障或发生碰撞事故时，氢系统可基于温度、压力、流量等参数实现快速断氢。

④ 避免将氢系统（气瓶及管理阀门等）布置在舱内（乘员舱或行李舱），应尽量布置在非密闭空间。

⑤ 氢气排空方向尽量向上布置，以保证氢气不会在车底空间四处逃逸。

⑥ 由于氢系统重量较大，在结构设计方面，要确保在高速行驶紧急制动的瞬间，不会因为惯性产生较大位移，进而撞击其他系统部件或后排乘客。

2）在使用层面，车辆加氢过程禁止上高电压，可仅唤醒必要的控制器（实现加氢功能以及加氢过程的监测功能），减少电气系统与氢系统之间的耦合风险。

2.2.2 整车电磁兼容（EMC）及电气可靠性设计

燃料电池电动汽车上所有可能影响车辆安全运行的电气组件，在功能上都应该能够承受车辆暴露于其中的电磁环境。车载电源系统、驱动系统和控制系统运行在高电压、大电流以及处在较大的 dU/dt 或 dI/dt 条件下，车辆应可正常运行，不应造成误停车。车辆在满足传统内燃机汽车电磁兼容要求的同时，还应符合车辆不同运行状态下的电磁兼容特殊要求。

2.2.2.1 整车 EMC 设计要求

（1）整车电气系统 EMC 设计

在整车开发过程中，通过电气系统设计评审对整车 EMC 风险进行评估，分析目前整车有可能存在的 EMC 问题点，尽可能地避免车型设计中的 EMC 风险，减少整车后期试验中出现的问题。主要技术路线如下：根据新能源汽车电气系统设计原则，从整车接地、整车电源分配、整车高压线束布置和整车高电压部件布置四个方面进行检查，输出评审问题列表。针对评审检查中存在的风险点，在整车上采取相应的优化措施，并通过整车试验验证设计优化效果。

根据整车电器配置和重点零部件检测报告与设计审核结果，初步确定整车的主要骚扰源和敏感设备清单。基于该清单，结合整车三维布局布线设计资料，分析项目整车电器布置合理性，重点关注高电压部件电源系统布局布线和低电压敏感设备布局布线问题。内容包括：高电压系统布局位置与电流回路设计分析；高电压系统端口位置的设计分析；低电压敏感系统布局及其与高电压系统耦合关系设计分析；低电压骚扰源布局及其与低电压敏感系统耦合关系设计分析。

（2）整车电源和接地 EMC 设计

1）接地点位置的选择，一般遵循如下原则：

① 接地点位置要远离溅水区域、潮湿区域、高温区域。

② 接地点应选择在车架上，接地车身处应该平整，不能在车身小支架上接地，接地点车身件需要进行刮漆处理。

③ 接地点不建议选择在活动件（门、发动机舱盖、行李舱盖等）上，如活动件与车身之间的电阻小于 $2.5m\Omega$，也可以在活动件上接地。

④ 不要让电子零部件的连接件或接地螺栓靠近汽车的涉氢系统或部件、管路等。

2）接地点应根据不同电器类型（敏感部件、骚扰源）进行分配，同一类型的用电器可以共用一个接地点。接地点的分配一般遵循如下原则：

① 敏感部件与骚扰源不得共用同一接地点。

② 敏感部件的接地点与骚扰源的接地点之间距离至少大于10cm。

③ 电机类部件一般就近接地。

3）接地片安装结构一般遵循如下原则：

① 接地片必须使用防旋转接地片。

② 接地片与接地线要求规格匹配。

③ 车上的所有接地点都应该采用焊接螺母（推荐）或者通过金属片上的过孔采用螺栓连接。

④ 接地螺栓应该有足够的扭矩以保证连接紧固。

⑤ 自攻螺钉严禁用于任何接地连接件的连接。

⑥ 零部件的固定点不能同时用于接地，不能将接地片放置在零部件固定点下作为接地连接。

4）有的部件对接地点有特殊要求，应按部件的要求进行布置接地点，一般遵循的原则如下：

① 动力系统ECU、安全气囊等整车重要控制器接地线的长度不应长于20cm。

② 音视频系统必须单独接地。

③ 传感器地线与控制器应采用同一接地点，如受实际环境限制，不能采用同一接地点，则应保证两接地点之间电阻小于2.5mΩ。

④ 发动机与车身之间应使用长宽比小于50的编织线进行接地。

⑤ 如果经过试验能确认具有同等的电气性能和耐久性，那么可以使用16AWG（最小）的导线。

5）车身、发动机应使用专用接地线与蓄电池负极相连；车身接电线应选用线径较大的线型，保证蓄电池负极与发动机、车身之间的电阻小于2.5mΩ。对于金属外壳的部件，应将金属外壳使用的接地螺栓可靠地固定在车身或车身支架上。支架与车身应为焊接连接,保证接地电阻小于 2.5mΩ。

6)电源和熔丝的选择和分配应遵循以下原则:

① 大电流和会产生电磁干扰的用电器最好使用单独的熔丝,避免产生电源共阻抗耦合。

② 常见的此类零部件包括:冷却风扇、刮水器电机、车窗升降电机、门锁电机、后除霜等。

③ 敏感设备的电源和受到电磁干扰的电源不能共用熔丝。

④ 不同电流回路(部件工作电流差 5A 以上)不共用一个熔丝,避免共阻抗耦合产生过大的电压降。

在进行熔丝和继电器的分布设计时,要尽量缩短线束的长度,以减小导线的阻抗,降低产生电磁兼容问题的风险。

(3)整车线束 EMC 设计

1)高压(此处均指高电压)线束在燃料电池电动汽车上主要起提供高压强电供电的作用,它对线束的设计及布置尤为重要,主要遵循以下几个方面的原则:

① 线束走向设计、线径设计。高压线束设计采用双轨制,由于燃料电池电动汽车的高压已经超出人体安全电压,车身不可作为整车高压搭铁点,因此设计高压线束系统时,直流高压电回路必须严格执行双轨制。高压线束可分为电机高压线、电池高压线、充电高压线等。

② 高压插接器选型。高压插接器主要负责高压大电流连接和传输,并负责高压回路的人机安全。因此高压线束插接器目前多采用耐高压、防水等级高并且具有环路互锁、屏蔽层连接等功能的插接器。

③ 屏蔽设计。采用屏蔽高压线,屏蔽网包覆在高压线内部,插接器连接时同时实现屏蔽层的连接。考虑到电磁干扰的因素,整个高压线束系统均由屏蔽层全部包覆。

2）低压（此处均指低电压）线束除满足传统汽车功能的实现外，还负责强电控制单元模块的功能实现。低压线束设计与布置方案中应考虑高压线束对其产生的干扰防护。不同信号源采用不同的低压屏蔽导线，低压线束布置中屏蔽导线选择遵循如下规则：

① 高频信号屏蔽线束采用双绞线、屏蔽层采用箔层屏蔽，采用多点接地。

② 低频信号屏蔽线束采用双绞线，屏蔽层采用编织层屏蔽，采用单点接地。

(4) 零部件的 EMC 管控

为了提高零部件的 EMC 设计水平，减少后期整改工作量，降低零部件 EMC 风险，主机厂需要制定零部件设计审核规范和制定零部件 EMC 性能管控流程，针对燃料电池电动汽车还需要制定高压零部件 EMC 设计审核及风险评估。只有掌握了高压部件 EMC 性能的设计方法，才能从源头上控制部件及整车的 EMC 性能，因此应开展对高压部件典型电路（如开关电源电路、电机驱动电路等）的 EMC 设计研究。整车电场及磁场超标多由高压部件的开关电源造成，包括电机控制器（主开关）、DC/DC 变换器、空调压缩机等内部均有开关电源，且对应不同的开关频率。

结合现有的产品管控流程和供应商管理体系，制定零部件 EMC 开发流程，明确以下内容：

① 零部件产品开发各阶段需要进行的 EMC 相关工作。

② 零部件产品开发各阶段要求供应商提供的资料。

③ 工程师与供应商各自的 EMC 开发职责。

④ 零部件样品 EMC 性能管控方法。

⑤ 零部件产品 EMC 性能一致性管控方法。

⑥ 零部件开发各阶段 EMC 性能管控文件的模板。

针对燃料电池电动汽车电驱动系统等高压零部件，首先需要调查目标车型重点零部件的功能、性能特性、驱动负载特性、端口特性、结构和封装形式等，分析其 EMC 设计手段，结合行业内同类型零部件 EMC 设计水平，分析本车型零部件的 EMC 技术水平和状态。根据零部件供应商提供的设计资料，审核设计中 EMC 相关方案的存在性与合理性，重点关注零部件封装、端口特性、驱动负载特性和结构设计，对有缺陷的设计评估其风险，以确保 EMS 设计得尽可能周全，并为后期的设计改动留出空间。对重点关注的零部件，结合零部件功能和性能要求，考察零部件内部晶振/开关电源等重点模块布局、时钟/总线等重点信号布线以及端口防护/滤波等 EMC 相关设计方案，从而评估零部件的 EMC 性能水平。

高压零部件的风险分析内容包括：

① 零部件内部高低压模块布局设计的 EMC 分析。

② 零部件重点信号的布线分析。

③ 零部件高低压输入/输出线束及端口处理的 EMC 分析。

④ 零部件封装的屏蔽设计分析。

⑤ 零部件负载特性分析。

⑥ 零部件接地设计。

根据零部件的工作原理和组成不同，燃料电池电动汽车 EMC 管控零部件分类见表 2-2。

表 2-2 燃料电池电动汽车 EMC 管控零部件分类

类别		描 述
无源模块	P	仅包含无源器件的电器部件或模块，例如：电阻、电容、防反/钳位二极管、热敏电阻、压敏电阻、无控制电路的 PTC 发热器 机械触点开关的 LED 背光（测试 BCI、CTI、ESD）
电机类	BM	无控制电路的电机，例如：门窗电机、刮水器电机、暖风电机、后视镜调节电机、洗涤电机、电动天窗等
	EM	内部带有控制电路的电动机

（续）

类别		描述
有源模块	A	含有有源器件的电器模块，例如：BCM、仪表、风扇控制器、基于微处理器的控制器和显示屏、空调面板、模拟放大电路、开关电源等
	AS	由其他模块中的调节电源供电的电子部件或模块，这类零部件通常是向控制器提供信号输入的传感器，例如：雷达传感器、摄像头、光照度传感器等。这类器件通常是向控制器提供输入信号的传感器 12V 部件：应测试电源线传导骚扰和传导抗扰试验 5V 部件：不测试电源线传导骚扰和传导抗扰试验
	AM	包含磁敏感元件的模块或者是外部连接有磁敏感元件的模块，例如：电磁传感器、霍尔传感器、收发信号频率在 50Hz～300kHz 的器件
	AX	内部带有电机等感性设备的电器部件以及控制外部感性设备的电器部件，例如：BCM、EPS、PEPS、TCU、BMS、VCU、DC/DC、IPU、PEU、OBC 等
	AW	含射频收发和内部电源，无外部线束的模块，例如 RKE、TPMS 发射器等
感性设备	R	电感、电磁继电器、电磁阀、线圈和电喇叭（内部含有有源器件的电喇叭属于 AX 类器件）

电气/电子部件 EMC 试验和整车 EMC 试验不能互相代替，它们之间的确切关系与零部件在整车上的安装位置、线束长度、线束走向、接地以及天线系统都有关。但是，零部件级的 EMC 试验可以使电气/电子部件在整车装配之前得到评估。低压类部件和高压系统中的低压控制部分依据表 2-3 进行试验，高压系统中的高压部分依据表 2-4 进行试验。

表 2-3 低压（LV）系统 EMC 测试项目选择表

测试项目	ID	无源模块	有源模块					电机类		感性设备
		P	A	AS	AM	AX	AW	BM	EM	R
传导发射（LV）	CE01		√		√			√	√	√②
瞬态传导发射	CE02				√			√	√	
辐射发射	RE01		√	√	√	√	√	√	√	√②
辐射抗干扰（ALSE）	RI01		√	√	√	√	√	√		
辐射抗干扰（BCI）	RI02		√	√	√	√	√			
磁场抗干扰	RI10		√①	√①	√①	√①		√①		
发射器射频抗干扰	RI20		√	√	√	√	√			
瞬态传导抗干扰	CI01	√	√	√	√	√	√			
瞬态耦合抗干扰	CI02		√	√	√	√	√			
静电放电抗干扰	RI30	√	√	√	√	√	√			

注：1. "√"表示需要测试。

    2. 对所有测试，在过渡频率点按严格的要求执行。

① 当电气设备出现以下三种状态的任何一种时，实施磁场抗干扰试验。

- 电气设备含有磁敏感元件的电子模块（如霍尔效应传感器、磁阻抗传感器、射频放大器等）。
- 电气设备布置在乘客舱/行李舱且车辆配备无钥匙系统。
- 电气设备布置靠近外部强磁场源（如交流发电机、电机等）。

② 由于本身工作时会产生电磁发射的零部件，仍需进行 CE01 和 RE01 试验。

表 2-4 高压（HV）系统 EMC 测试项目选择表

测试项目	ID	高压系统				
		电驱系统	电池系统	DC/DC	电动压缩机	OBC
辐射发射	RE01	√	√	√	√	√
辐射抗干扰（ALSE）	RI01	√	√	√	√	√
传导发射（HV）	CE03	√	√	√		
传导发射（AC/DC）	CE04					√
谐波电流	CE05					√
电压变化、波动和闪烁	CE06					√
电快速脉冲群抗干扰	CI03					√
浪涌抗干扰	CI04					√

注：1. "√"表示需要测试。

    2. 对所有测试，在过渡频率点按严格的要求执行。

    3. 当直流充电线线缆长度小于 30m 时，无需进行直流充电时的 CE04、CI03、CI04 试验。

    4. 当车辆只在私人充电桩充电且没有与其他人共用时，无需进行直流充电时的 CE04、CI03、CI04 试验。

2.2.2.2 整车电气可靠性设计要求

燃料电池电动汽车整车电气安全可分为高压电气安全、车载储能系统安全以及绝缘安全，具体要求如下。

（1）高压电气安全一般要求

根据 GB/T 18384—2020《电动汽车安全要求》规定，依据电路的最大工作电压 U，将电气元件或电路划分等级，见表 2-5。

表 2-5 电路的电压级别

电压级别	直流系统/V	交流系统[①]（15~150Hz）/V
A	$0 < U \leq 60$	$0 < U \leq 30$
B	$60 < U \leq 1500$	$30 < U \leq 1000$

① 此处为均方根值。

在接近 B 级电压源的附近应有标识，B 级电压电缆线皮应统一由橙色和/或橙色套管构成。

汽车不应含有暴露的导线、接线端、连接单元或者任何直接暴露给人员的 B 级电压部件。动力系统的带电部件应通过绝缘或使用盖、防护栏、金属网板等来防止直接接触。这些防护装置应牢固可靠，耐机械冲击。在不使用工具或无意识的情况下，它们不能被打开、分离或移开。

B 级电压动力电路系统应满足：

① 所有的电气设计、安装应避免绝缘失效。

② 应通过绝缘的方法来防止间接接触，并且使车载的外露可导电部件电连接在一起，达到电位均衡。如果防护是绝缘提供，那么电系统的带电部件应有足够的电气间隙和爬电距离且有绝缘层隔离。这种绝缘层只能通过破坏才能够移开。绝缘材料应满足相应标准要求，并应有足够的耐电压能力，防止发生绝缘击穿或电弧现象。

燃料电池系统部件的导体外壳应同电平台连接，以确保在氢气泄漏时，不会因静电而引燃氢气。

（2）车载储能系统安全

对于包括车载储能系统的燃料电池电动汽车，为了防止爆炸、起火或有毒物质的危害，当车载储能系统在正常的环境和操作条件下可能排出有害气体或其他有害物质时，应满足以下要求。

① 在正常的环境和操作条件下，应有适当的措施，使驾驶舱、乘员舱以及各载货空间的有害气体或其他有害物质不会达到潜在的危险浓度。

② 有害气体和其他有害物质允许的最大聚集量应符合国家相关标准的要求。

③ 应采取适当的措施应对单点失效。

应采取适宜的措施防止任何由单点失效情况造成可能危害人员的危险产生，比如，基于电流、电压或温度的监控器。如果车载储能系统自身没有防短路功能，则应有一个车载储能系统过电流断开装置能在车辆制造厂商规定的条件下断开车载储能系统电路，以防止对人员、车辆和环境造成危害。

（3）绝缘安全

燃料电池电动汽车的每个电路和电平台及其他电路之间应保持绝缘，绝缘电阻的要求应符合 GB/T 18384—2020 中的规定。

测量车载储能系统绝缘电阻时，应带有外壳里的所有辅助部件，例如监测或者温度调节装置，如果有冷却液，也应包括在内。对于没有嵌入在一个完整电路里的车载储能系统，如果在整个寿命期内没有交流电路，或者交流电路有附加防护，那么其绝缘电阻除以它的最大工作电压，应不小于 $100\Omega/V$；如果包括交流电路且没有附加防护，则此值应不小于 $500\Omega/V$。如果车载储能系统集成在一个完整的电路里，则可能需要一个更高的阻值。

测量燃料电池系统绝缘电阻时，冷却系统中的冷却泵应处于运转状态，燃料电池系统处于热机状态，并按照 GB/T 24549—2009 规定的方法测量燃料电池堆正极和负极分别对地的绝缘电阻。绝缘电阻值应满足 GB/T 24549—2009 的规定。

2.2.3 碰撞安全设计

由于氢电安全问题的存在,燃料电池电动汽车的碰撞安全设计与传统汽车及纯电动汽车不同。以燃料电池乘用车为例,由于燃料电池电动汽车前舱结构的变化会对乘员的生存空间和车身的吸能特性产生影响,所以应重新设计和考虑车内乘员的保护效果。由于车辆底部和后部可能会布置电池和储氢瓶,如图2-1所示,因此针对侧碰、侧柱碰、后碰工况应有相对应的保护设计。

图2-1 燃料电池乘用车的结构布置图示例

2.2.3.1 碰撞安全设计的一般要求

当碰撞传感器检测到整车发生碰撞超过一定强度时,应能够自动切断电源和氢气供应,以确保碰撞后车载供氢系统、电气系统及燃料电池系统的完整性等。具体要求如下:

(1) 车载供氢系统完整性

① 高压储氢瓶的固定装置不应出现断裂、脱落或导致高压储氢系统安全功能失效的移位或变形。

② 高压管路系统不应破损、断裂,瓶口阀不应损坏失效。

③ 在发生碰撞后的60min之内,车载供氢系统的平均氢气泄漏率不得超过118 NLPM(Normal Liter Per Minute);封闭空间内的ϕ_{H_2}不应超过4%。

(2) 电气系统完整性

根据 GB 11551—2014《汽车正面碰撞的乘员保护》（对于 M1 类汽车和最大设计总质量不大于 2500kg 的 N1 类汽车）和 GB 20071—2006《汽车侧面碰撞的乘员保护》（对于 M1 类汽车）适用范围的规定。

对带有 B 级电压电路的燃料电池电动汽车进行碰撞试验后，高压安全应符合 GB/T 31498—2015《电动汽车碰撞后安全要求》中 4.2～4.4 节相关要求，包括电压要求、电能要求、物理防护要求和绝缘电阻要求。具体要求如下：

1) 按照 GB/T 31498—2015 中 A.1 规定的测试方法，高压母线的电压 U_b、U_1、U_2 应不大于 30V 交流或 60V 直流。

2) 高压母线上的总电能 E_T 应小于 0.2J。E_T 可通过以下两种方式之一得到：一种是在碰撞测试之后，确定高压母线的电压 U_b、U_1、U_2，电压测量应在碰撞之后的 5～60s 进行，取最小电压值，进而得到总电能 E_T。另一种是通过高压母线的电压 U 和制造商规定的 X 电容器的电容来计算总能量 E_T。储存在 Y 电容器里的能量（E_{TY1}，E_{TY2}）也应少于 0.2J，应通过高压母线和电平台的电压 U_1 和 U_2 以及制造商所规定的 Y 电容器的电容（C_{Y1}，C_{Y2}）来计算该值。

3) 为了防止直接接触高压带电部位，碰撞后车辆应有 IPXXB 级别的保护。另外，为了防止间接接触的触电伤害，用大于 0.2A 的电流进行测量，所有外露的可导电部件与电平台之间的电阻应低于 0.1Ω。当电连接采用焊接方式时，应符合此要求。

4) 动力系统由单独的直流和交流母线组成时，如果交流高压母线和直流高压母线是互相传导绝缘的，那么高压母线与电平台之间的绝缘电阻对于直流母线来说，最小值应为 100Ω/V；同时对于交流母线来说，最小值应为 500Ω/V。

5) 动力系统由连接的直流和交流母线组成时，如果交流高压母线和直流高压母线是互相传导连接的，那么高压母线与电平台之间的绝缘电阻的最小值应为 500Ω/V。如果在碰撞之后，所有交流高压母线的保护级别达到 IPXXB，或交流电压小于等于 30V，则高压母线与电平台之间绝缘电阻的最小值应为 100Ω/V。

（3）燃料电池系统完整性

燃料电池系统的外壳应无机械损伤，燃料电池堆模块及氢气相关部件不应发生损坏或者出现氢气泄漏。

2.2.3.2 碰撞防护设计

（1）侧面碰撞防护设计要求

侧面防护结构可参考 GB 20071—2006《汽车侧面碰撞的乘员保护》等标准进行碰撞试验，车辆在碰撞试验后应符合 GB/T 31498—2015 中 4.2～4.4 节的要求。

以燃料电池乘用车为例，其在设计中，B 柱应采用加强结构设计，保证变形形态合理，最大塑性应变应不会导致断裂风险，如图 2-2 所示。

图 2-2　燃料电池乘用车侧撞设计案例

（2）侧翻防护设计要求

车身防护结构若按 GB 17578—2013《客车上部结构强度要求及试验方法》进行上部结构强度验证试验，则应在其可充电储能系统电荷量（SOC）30%～50% 且处于上电状态下进行试验，试验后应符合 GB/T 31498—2015 中 4.2～4.4 节的要求。侧翻防护总体要求包括以下几点：

1）车辆的上部结构应具有足够的强度，以确保在整车侧翻试验过程中和侧翻后生存空间没有受到侵入。

2）测试时，生存空间之外的车辆其他部件（如立柱、拉手、行李架、灭火器等，不包括生存空间内的结构部件）在测试过程中不得侵入生存空间，也不应发生结构件完全断开的现象。

3）生存空间内的部件（如座椅、垂直把手、隔间、小厨房和卫生间等）不应有导致乘员伤害的可能，并且不应凸出至变形结构的轮廓外。变形结构的轮廓线应在每个相邻的窗和/或门立柱间按顺序进行确定。两个变形的立柱之间的轮廓线，理论上应是一个连续的平面，由立柱内部各轮廓点连接的直线确定，这些点在侧翻试验前距地板平面处于同一高度。

（3）后碰撞防护设计要求

后高压舱 B 级电压部件的布置位置和防护结构应考虑被追尾后，符合 GB/T 31498—2015 中 4.2~4.4 节的要求；对于燃料电池乘用车，后碰撞测试方法可参考 GB/T 20072—2006《乘用车后碰撞燃油系统安全要求》。

仍以燃料电池乘用车为例，如果其储氢瓶布置于后排座位后侧，应在车身上考虑设计横梁和纵梁的加强结构，确保后面碰撞时，整车储氢系统及其管路的塑性变形在失效应变值之内（图 2-3）。

（4）底部碰撞防护设计要求

底部碰撞防护设计要考虑两方面：一是离地间隙；二是防护结构。防护设计应满足：发生底部碰撞后符合 GB/T 31498—2015 中 4.2~4.4 的要求。

（5）前碰撞防护设计要求

前高压舱 B 级电压部件的布置位置和防护结构应考虑正面碰撞工况，符合 GB/T 31498—2015 中 4.2~4.4 节的要求。对于燃料电池乘用车，正面碰撞测试方法可参考 GB 11551—2014《汽车正面碰撞的乘员保护》。

以燃料电池乘用车为例，散热器前端框架结构应考虑加强设计，可通过提高板料厚度、改变开口尺寸大小以及选合适位置设计加强支架。当车辆发生正面碰撞时，前端框架应在吸收能量的同时保护燃料电池系统（图 2-4）。

图 2-3　燃料电池乘用车后碰撞设计案例

一般情况下，燃料电池氢气子系统各组件布置于燃料电池系统与车身前挡板总成之间，设计时应考虑供应回氢总成、电磁阀和管路等组件与车身前挡板总成的间隙不小于 35mm。当车辆发生正面碰撞时，应满足氢气子系统各组件有足够的安全逃逸空间，案例如图 2-5 所示。

氢气子系统管路应考虑软管与硬管结合的设计方式，且设计管路转弯位置和转弯角度时，应充分考虑碰撞受力的方向和大小，尽量避免出现氢气管路弯折或折断从而导致氢气泄漏的情况发生。如图 2-6 所示，设计电堆供氢管路和回氢管路转弯位置和角度后，应进行正面碰撞仿真分析，所承受的应力须在管路材料允许范围内，并保证该段管路不会发生氢气泄漏的风险。

如果燃料电池发动机 X 轴前端设计有高压插接器和高压线束等，应考虑进行保护罩、防护支架等设计，避免碰撞时前端框架结构将高压部件切断引起高压失火的危险情况发生。如图 2-7 所示，升压 DC/DC 变换器与驱动电机、空压

图 2-4　燃料电池乘用车前碰撞设计案例

图 2-5　燃料电池乘用车前舱布置案例

机和水泵连接的高压插接器在 X 轴前端，应设计防撞保护罩，以在整车发生正面碰撞时，能够避免前端框架横梁剪切高压插接器；最大塑性应变应控制在保证无断裂失效风险范围之内。

图 2-6　燃料电池电动汽车氢气管路应力仿真示例

图 2-7　燃料电池乘用车高压防护罩及防护支架设计示例

2.2.4　整车氢气排放和泄漏安全设计

2.2.4.1　整车氢气排放要求

按照 GB/T 37154—2018《燃料电池电动汽车 整车氢气排放测试方法》中"怠速热机状态氢气排放"章节规定的试验方法进行测试，在进行正常操作（包括起动和停机）时，任意连续 3s 内的 ϕ_{H_2} 平均值不超过 4%，且瞬时 ϕ_{H_2} 值不超过 8%。

整车氢气排放的一般要求包括：

1）不应排到乘客舱和行李舱。

2）不应排向车轮所在空间。

3）不应排向露出的电器端子、电器开关件及其他点火源。

4）不应排向其他氢气容器。

5）不应排向车辆正前方。

2.2.4.2 整车氢气排放设计

1）排气系统管路连接的硬管材质应采用具备氢脆抑制性能的材料，宜采用316L不锈钢；软管的工作温度范围为 -50~150℃；所有金属管件焊缝处应作打磨、防锈、钝化处理；焊接后做密封性检查，无泄漏，无渗漏。

2）尾排系统管路中应设置气液分离装置，同时建议将分离出来的氢气通过专用通道在车辆高位处排出（7m以下车辆可以除外）。为避免尾排管氢气聚集，同时减小尾气排放阻力，宜设计冷凝水排水管路，排水口设置在管路中的最低点。排气管排气口均应从车身后侧伸出车外，管口朝向车辆后方。

3）在温度驱动安全泄压装置（Thermally-Activated Pressure Relief Device，TPRD）和安全泄压装置（Pressure Relief Device，PRD）释放管路的出口处应采取必要的保护措施（例如：加盖管帽），防止在使用过程中被异物堵塞，影响气体释放。与PRD相连的管路、通道和出口的制造材料应使用熔点高于538℃（1000℉）的金属材料。

4）氢气子系统应考虑设计泄压安全阀。如果发生氢气压力超过安全限值的情况，则泄压安全阀紧急排氢完成泄压，避免因压力过高损坏燃料电池堆和发生氢泄漏；氢系统压力异常升高时，氢系统能够通过压力泄放装置及时泄压；车辆进行维修维护时，能够通过手动泄压阀将氢管路中的氢气进行泄放。

2.2.4.3 整车氢气泄漏要求

（1）车内要求

储氢系统泄漏或渗透的氢气，不应直接排到乘客舱、行李舱/货箱，或者车辆中任何有潜在火源风险的封闭空间或半封闭空间。封闭空间或半封闭空间是指车辆内有可能暴露于压缩氢气储存系统的空间和可能积聚氢气（从而产生危险）的环境空间、区域（若有），如乘客舱、行李舱、货舱或前舱盖下面的空间。

（2）车外要求

对于M1类车辆，在密闭空间内进行氢泄漏试验，应满足任意时刻测得的ϕ_{H_2}不超过1%。

车辆应尽可能保证在碰撞后氢系统的完整性。在发生碰撞后的60min内，氢系统的平均氢气泄漏率不得超过118NL/min；碰撞后的氢气泄漏不得使乘客舱、行李舱或是货箱内的ϕ_{H_2}超过4%。

2.2.4.4 整车氢气泄漏报警装置要求

1）在安装氢系统的封闭或半封闭空间上方的适当位置，至少安装一个氢气泄漏探测传感器。它能实时检测氢气的泄漏情况，并将信号传递给氢气泄漏报警装置。车内安装的氢气泄漏探测传感器的精度应高于1.0%。

2）在驾驶员容易识别的部位安装氢气泄漏报警提醒装置。当检测系统检测到氢气泄漏时，应在ϕ_{H_2}为1.0%~3.0%区间中的某个值时设置某警报级别；且在ϕ_{H_2}为2.0%~4.0%中的某个值处设置另一警报级别报警。一般处理机制是，在车辆运行过程中或启动过程中，当车内封闭空间或半封闭空间内出现ϕ_{H_2}达到1.0%~3.0%内某个值的泄漏情况时，警报应保持亮起；当ϕ_{H_2}达到2.0%~4.0%内某个值泄漏报警发生后，应切断氢气供应；当泄漏浓度下降到低于报警值时，只有在下次燃料电池系统启动时才能复位报警状态，取消报警。

3）当氢气泄漏探测传感器发生短路、断路等故障时，应能对驾驶员发出故障警告信号。

2.2.5 整车故障防护设计

参考中国台湾地区的相关标准，燃料电池车辆动力系统的开启应执行至少两项有意识且有区别的动作，且在车辆进入可行驶状态后，应当以持续或短暂的方式提醒驾驶员。车辆动力系统的关闭只用一个动作完成，且自动或手动关闭动力系统后，只能通过上述的启动动作进行重新启动。ISO 6469-2：2018 规定，可由主开关控制动力系统的启动和停止，且如果通过主开关功能停用了燃料电池电动汽车，那么燃料电池系统应可保持激活状态，以执行系统所需的某些功能。另外 ISO 6469-2：2018 还规定了车辆的充电、行驶、倒车、停车、RESS 低 SOC 状态等过程的驾乘安全要求。不同状态的具体要求如下：

1）充电及加氢过程：当车辆电源电路物理连接至电源插座或车辆插接器时，或车辆加氢口连接加氢枪时，应禁止其自身动力系统引起的车辆移动。如果车辆设计成使物理连接的插头明显阻碍了用于驱动的车辆控制器的操作，则认为满足了该要求。

2）行驶过程：在行驶时，如果电驱动系统配备有自动降低车辆驱动力的装置，那么在驱动力明显降低时，应提示驾驶员。

3）倒车过程：如果通过反转电机的旋转方向实现车辆的向后行驶，则为防止在车辆行驶时无意识地切换为反向或在正向和反向之间切换，要求在切换行驶方向时，使驾驶员采用两种单独的操作或只要求驾驶员进行一种操作，但设置安全装置使车辆静止或缓慢行驶时切换行驶方向。

4）停车过程：停车时，车辆动力系统未关闭时应提示驾驶员；当动力系统关闭后，车辆不会意外移动。

5）RESS 低 SOC 状态：如果 RESS 的低 SOC 对车辆行驶性能有影响，则应向驾驶员指示 RESS 的低能量含量（例如，视觉或听觉信号）。在车辆制造商指定的低电量状态的第一个指示处，车辆应满足以下要求：

① 车辆应能够使用其自身的驱动系统将其驶出交通区域。

② 当辅助电气系统没有独立的能量存储装置时，照明系统仍应具有最小的能量储备。

6）车辆运转意外状态：当燃料电池系统、氢系统或高压电系统出现意外故障时，整车应按照故障等级和故障类型做出相应处理，如发送关机指令、限制输出功率等。

7）失效状态：燃料电池电动汽车氢系统及组件应考虑到失效安全设计。当失效时，电力驱动及燃料系统应关闭及停止能源供给。

2.2.6　整车涉水安全、起火驾乘人员安全设计

2.2.6.1　涉水安全设计

为了保证车辆在涉水、清洗、雨水浸泡等环境条件下的电气安全，需要对车辆进行模拟涉水试验、模拟清洗试验和模拟浸水试验，并在试验后进行绝缘电阻检测以考核车辆是否存在高压漏电风险。

乘用车的涉水要求应符合 GB/T 18384—2020 的相应要求，其中涉水深度不应低于 100mm。

商用车的涉水及浸水要求应符合 GB 38032—2020《电动客车安全要求》的相应要求，其中涉水深度不应低于 300mm，浸水深度不应低于 500mm，并且安装在客舱地板以下且距地面 500mm 以下的 B 级电压电气设备和与 B 级电压部件相连的插接器（充电口除外）或安装在车顶且无防护装置的 B 级电压电气设备（受电装置除外），其防护等级应不低于 IP67。

所有高压部件在装配完好的情况下，行李舱内外及乘员舱外无防护装置或距离 500mm 以下的高压部件的防水等级应至少达到 IPX7，其他情况下的防水等级应至少达到 IPX5，乘员舱内高压部件的防水等级应至少达到 IPX4 等级要求。

2.2.6.2　防火安全设计

（1）火情预警

可充电储能系统应具备火灾检测自动报警功能，应在驾驶区给驾驶员提供声或光报警信号，且报警后 5min 内电池箱外都不能起火爆炸。

发生起火时，车载氢系统应能从储氢瓶处自动切断氢气供应。

燃料电池电动汽车应能检测燃料电池发动机和车载供氢系统的工作状态并在发现异常情况时报警，且报警后自动关闭储氢瓶处的供氢阀门。

（2）防火隔离

在可充电储能系统和车载氢系统与客舱之间应使用阻燃隔热材料隔离。阻燃隔热材料的燃烧性能应符合 GB 8624—2012《建筑材料及制品燃烧性能分级》中规定的 A 级要求，并且按 GB/T 10294—2008《绝热材料稳态热阻及有关特性的测定　防护热板法》进行试验，在 300℃时导热系数应小于等于 0.04W/(m·K)。

（3）阻燃设计

乘用车的材料阻燃特性应符合 GB/T 18384—2020 的要求，客车的材料阻燃特性应符合 GB 38032—2020 中材料阻燃的相关要求。燃料电池系统的非金属零部件（燃料电池堆模块外壳之类的除外）的材质应满足水平燃烧 HB 级和垂直燃烧 V-0 级的要求。

（4）灭火装置

对于燃料电池城市公交类车辆，可充电储能装置舱体内应配置具有高温预警及自动灭火功能的电池箱专用自动灭火装置。

（5）应急出口

车辆应有起火应急出口，且应符合 GB 7258—2017《机动车运行安全技术条件》的相应要求。

2.2.7　安全标识

2.2.7.1　安全标识的总体要求

燃料电池电动汽车安全标志的颜色、色度、使用方式及图形符号应分别按照 GB 2893—2008《安全色》、GB 2894—2016《安全标志及其使用导则》和

GB/T 5465.2—2008《电气设备用图形符号 第 2 部分：图形符号》的规定。指令标志、警告标志、安全提示标志、消防设施标志的安全色至少占安全标志总面积的 50%。安全标志应与附加标志组合使用，也可采用多重标志，要求见 GB 30678—2014。安全色定义见表 2-6。

表 2-6 安全色含义

颜色类型	含义
红色	传递禁止、停止、危险或提示消防设备、设施的信息
蓝色	传递必须遵守规定的指令性信息
黄色	传递注意、警告的信息
绿色	传递安全的提示性信息

2.2.7.2 整车安全标识

燃料电池电动汽车常见整车安全标识见表 2-7。

表 2-7 燃料电池电动汽车常见整车安全标识

图示		说明
⚠	注意	注意安全 此标识表示一般性潜在危险，需要注意某个部件或某一操作
EX	易燃易爆区域警告	爆炸或易燃气体氛围 此标识表示所贴部件会排放易燃气体，当接触高温、火花、火焰或摩擦时，会有爆炸的潜在危害
⏚	注意	保护导体端子（接地） 此标识表示需要为所贴部件提供接地点

2.2.7.3 高压警告标识

对于 B 级电压部件，如 RESS 和燃料电池堆等，需具有高压警告标识，如

图 2-8 所示。符号的底色为黄色,边框和箭头为黑色。

当移开遮栏或外壳可以露出 B 级电压带电部分时,遮栏和外壳上也应有同样的符号清晰可见。当评估是否需要此符号时,应当考虑遮栏/外壳可进入和可移开的情况;标记附近建议有明显可见的安全操作注意项目的提醒,如"电机控制器开盖要等××分钟后,测量母线电压值为安全电压后方可操作"。

2.2.7.4 B 级电压电线标记

燃料电池电动汽车 B 级电压电路中电缆和线束的外皮应用橙色加以区别,外壳里面或遮栏后面建议也用橙色加以区别。B 级电压插接器可通过与之连接的线束来区分。

图 2-8 高压警示标识

电线电缆标记应按照 GB/T 6995.1—2008《电线电缆识别标志方法 第 1 部分:一般规定》五个部分标准的规定进行标识,B 级电压电线标记应按照 GB/T 6995.3—2008《电线电缆识别标志方法 第 3 部分:电线电缆识别标志》标准的规定进行标识。

2.2.7.5 燃料类型标识

燃料电池车辆易见位置张贴表示氢燃料类型的图形标识,压缩氢气的标识代号为 CHG(Compressed Hydrogen Gas)、液态氢的标识代号为 LH_2,图形标识见图 2-9,标识尺寸及字体按 GB/T 17676—1999 的规定。标志应清晰、醒目、防水、防腐,标志应贴在车辆醒目的位置。对于燃料电池汽车燃料和汽车类型的具体标识,可以参考 SAE J 2579:2018(Standard for Fuel Systems in Fuel Cell and Other Hydrogen Vehicles)、SAE J 2578:2014(Recommended Practice for General Fuel Cell Vehicle Safety)和 SAE-J 2990-1:2016(Gaseous Hydrogen and Fuel Cell Vehicle First and Second Responder Recommended Practice)。这三个 SAE 标准对各类标识进行了详细规定。我国的 GB/T 24549—2009《燃料电池电动汽车 安全要求》、GB/T 26779—2011《燃料电池电动汽车 加氢口》和氢燃料电

池汽车安全指南（2019版）也有部分规定。

图 2-9　燃料类型标识

2.2.7.6　加氢口图形标识

燃料电池电动汽车加氢舱门位置应张贴加氢口标识，标识清晰易理解，便于加氢站操作人员确定加氢口位置，如图 2-10 所示。

图 2-10　加氢口标识

2.3　整车通用安全的关键测评技术

2.3.1　整车 EMC 测评技术

2.3.1.1　整车辐射骚扰测评

燃料电池电动汽车的整车辐射骚扰包含保护车外接收机的无线电骚扰特性（30MHz～1GHz）、保护车载接收机的无线电骚扰特性（150kHz～2.5GHz）、整车电磁场辐射发射（150kHz～30MHz）和整车乘员所处车辆环境的低频磁场发射（10Hz～400kHz）。以上项目分别按照 GB 34660—2017《道路车辆　电磁兼容性要求和试验方法》、GB/T 18655—2018《车辆、船和内燃机　无线电骚扰特

性 用于保护车载接收机的限值和测量方法》、GB/T 18387—2017《电动车辆的电磁场发射强度的限值和测量方法》和 GB/T 37130—2018《车辆电磁场相对于人体曝露的测量方法》进行测试评价。

(1) 保护车外接收机的无线电骚扰

整车对外的辐射骚扰应满足 GB 34660—2017 的宽窄带辐射发射的相关要求，以保护车外的无线电通信设备正常工作。

车辆辐射发射试验推荐采用 10m 法进行测试。测量天线应以计量校准时的参考点作为测量参考点。测量天线参考点到车辆车身边缘的水平距离为 10.0m ± 0.2m，距离地面的高度为 3.00m ± 0.05m。测量天线与车辆车身在水平面的投影应成直角布置。车辆应为空载状态。作为一种替代方法，也可采用 3m 测量距离。此时如果车辆的长度大于 3dB 天线波束宽度值，则需要确定多个天线位置，对于每一个测量位置均要进行水平极化和垂直极化的测量。测试布置如图 2-11 所示。

图 2-11　车辆辐射发射试验测试位置

1) 车辆宽带辐射发射评估。在进行车辆宽带辐射发射试验过程中，应打开长时工作的、能产生宽带发射的所有设备，使其工作在最大负载状态，短时工作的设备除外。

由燃料电池驱动的车辆，应在燃料电池发动机工作模式下，使车辆以 40km/h 速度运行的状态下测试。如果条件不允许，也可用非导电轴架将车辆顶起。表 2-8 规定的燃料电池车辆宽带电气设备（如果有）应开启。

表 2-8　燃料电池车辆宽带电气设备及状态要求

名称	状态
燃料电池系统	稳定运行
刮水器电机	最高档
暖风电机	最大风量
电动空调压缩机	空调温度调至最低，压缩机稳定运行
闪光继电器	开启
各类照明灯具（LED类和/或气体放电类）	开启
各类信号灯具（LED类）	开启
电动汽车驱动电机	按规定转速运行，冷却液温度正常
电动汽车驱动电机控制器	稳定运行
电动汽车DC/DC变换器	稳定运行
车载能源管理系统	开启

试验应在 30~1000MHz 的整个频率范围内进行测量，在每一个测量频率（包括起始、终止频率）上应分别进行水平极化和垂直极化的测量。试验应在车辆左右两侧分别进行测量。

2）车辆窄带辐射发射评估。在进行车辆窄带辐射发射试验过程中，所有可连续运行的含有大于9kHz内置振荡器或重复信号的设备，都应处于正常运行状态。

燃料电池电动汽车处于车辆上电且驱动电机不运转（车辆处于ready状态），表 2-9 规定的车辆窄带电气设备（如果有）应开启。

表 2-9　车辆窄带电气设备及状态要求

名称	状态
车载音视频系统	开启
刮水器电机	最高档

(续)

名称	状态
暖风电机	最大风量
电动空调压缩机	空调温度调至最低，压缩机稳定运行
闪光继电器	开启
各类照明灯具（LED 类和/气体放电类）	开启
各类信号灯具（LED 类）	开启
显示屏（娱乐应用除外）	开启
行驶记录仪	开启
车载视频记录系统	开启
间接视野装置（CMS）	开启
电动汽车 DC/DC 变换器	稳定运行
车载能源管理系统	开启
电动汽车动力电池组	稳定运行
燃料电池	稳定运行

试验应在 30~1000MHz 的频率范围内进行测量，在每一个测量频率（包括起始、终止频率）上应分别进行水平极化和垂直极化的测量。试验应在车辆的左右两侧分别进行测量。

（2）保护车载接收机的无线电骚扰

整车车载天线端接收到的发射测量骚扰应满足 GB/T 18655—2018 的相关要求，以保护车载接收机能正常工作。考核指标见 GB/T 18655—2018，业务波段适用性应依据车辆实际使用的无线电业务选择。

试验应在整车半电波暗室内开展，应优先选择车载天线开展本项目的测试，对于不具备商用车载天线测试条件的车辆，应采用模拟天线测试。骚扰电压测量应在接收机天线射频信号输入端进行，天线插接器接地端应和车载无线电接收机的地（如金属外壳）共地，无线电接收机的地（如金属外壳）应适用产品线束在车身处接地。若车载天线是有源天线,推荐在测试报告中注明有源天线本底噪声值(试验数据不用修正)。测试布置如图2-12所示。

图2-12 车载天线端的发射试验布置图(使用杆天线的视图,单位:mm)

1—测量设备 2—暗室 3—壁板连接器 4—天线 5—车辆 6—典型吸波材料 7—天线的同轴电缆

8—优质同轴电缆,例如双屏蔽电缆(50Ω) 9—车载接收机外壳 10—阻抗匹配单元(如需要)

11—改进的"T"形插接器 12—调幅广播段的地隔离网络(如需要)

13—人工电源网络(仅对充电模式) 14—动力电源(仅对充电模式)

15—充电电缆(仅对充电模式) 16—绝缘支撑(仅对充电模式)

(3)整车电磁场辐射发射(150kHz~30MHz)

整车电磁场辐射发射特性(150kHz~30MHz)应满足GB/T 18387—2017的相关要求,考核指标见GB/T 18387—2017。试验在整车半电波暗室内开展,所有的运行模式(表2-10)中电驱动系统应处于驱动模式,道路负荷按照车辆满载情况设置。

表 2-10　车辆运行模式

运行模式	说明
低速	车速为 16km/h，道路负荷按照车辆满载情况设置
高速	踩下加速器或设置巡航控制系统产生额定车速 70km/h，道路负荷按照车辆满载情况设置。如果车辆在电驱动系统工作情况下无法达到 70km/h 的速度要求，车辆应工作于最大车速

注：如果车辆无法在测功机上完成试验，可使用轮轴支架支起车辆进行试验。

测量电场时，单极天线置于地面上，距车辆的最近部分 3m±0.03m。测量时天线的四个位置为：车前和车后位置，位于车辆中心线上；车辆左右两侧位置，位于前后轴之间中线上，如图 2-13 所示。

图 2-13　单极天线相对车辆的位置

测量磁场时，环天线中心距地面 1.3m±0.05m，距车辆最近部分 3m±0.03m。环天线的方向：径向方向，环天线的最大磁场响应方向是垂直指向车辆的方向；横向方向，环天线的最大磁场响应方向是水平的并垂直于径向方向。

天线与车辆相对位置为：车前和车后位置，位于车辆中心线上；车辆左右两侧位置，位于前后轴之间中线上，如图2-14所示。

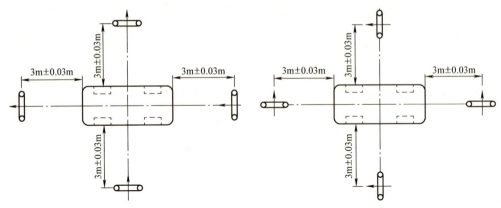

a) 环天线径向方向(环天线中心距地面1.3m±0.05m)　　b) 环天线横向方向(环天线中心距地面1.3m±0.05m)

图2-14　环天线相对车辆的位置

试验采用先预扫再终测的方式进行，试验过程如下：

1) 将测试车辆固定在转鼓上，以40km/h的速度稳定运行。

2) 布置单极天线，记录电场测量数据。

3) 布置环天线，记录磁场两个方向的测量数据。

4) 依据步骤2) 和3) 相对于限值的最大测量结果，确定最大发射方向，如果车辆的两个不同侧面的最高电平大致相等，那么可以选择其中一个侧面作为最大辐射方向。

5) 按照表2-10所列的运行模式运行车辆。

6) 在车辆最大发射侧面进行电场峰值扫描和磁场峰值扫描。

7) 判定终测结果是否低于标准限值。

(4) 整车乘员所处车辆环境的低频磁场发射

整车电磁场辐射发射特性（10Hz～400kHz）应满足GB/T 37130—2018的相关要求，考核指标见GB/T 37130—2018的附录A。

试验可以在整车半电波暗室或室外平坦干燥路面上进行，室外路面坡度应在－2%～2%之间，测量场地环境中磁感应强度低于GB/T 37130—2018要求；

如在测功机上进行测量,应根据车辆整备质量设置道路负荷。车辆工作状态分为静止状态、行驶状态(匀速、减速和加速)和充电状态。试验流程如图 2-15 所示。

图 2-15　整车乘员所处车辆环境的低频磁场发射测试流程

2.3.1.2　整车辐射抗扰度测评

整车辐射抗扰度分为电场抗扰度和磁场抗扰度,其中整车辐射抗扰度(ALSE 法)按照 GB 34660—2017《道路车辆电磁兼容性要求和试验方法》进行测试评价、磁场抗扰度按照 SAE J 551-17:2015 Vehicle Electromagnetic Immunity - Power Line Magnetic Fields 进行测试评价。

（1）整车辐射抗扰度（ALSE法）

整车辐射抗扰度（ALSE法）应满足 GB 34660—2017 的相关要求，在 20MHz~2GHz 的 90% 以上频段内，场强应为 30V/m（均方根值），其余剩余频段内场强应不低于 25V/m，试验在整车半电波暗室进行，试验分场标定和车辆测试两个阶段。一情况下地板上不铺设吸波材料，如果需要铺设吸波材料，应确保在场强校准和 DUT 测试过程中保持一致，并应在测试报告中注明频段、铺设的位置。在进行抗扰试验的过程中，车辆不应出现抗扰度相关功能的性能降低，试验条件和失效判定准则见表 2-11。

表 2-11 车辆抗扰度试验条件和失效判定准则

车辆试验条件	失效判定准则
车速为 50km/h±10km/h（L1 和 L2 类车辆车速为 25km/h±5km/h，若达不到，则以最高车速运行）。如果车辆装备有定速巡航控制系统，使系统运行	车速变化大于规定运行速度的 ±10% 或自动退出定速巡航或出现故障提示
可调节悬架处于正常位置	非预期明显位置变动或超出车辆制造商说明书规定的变化范围
方向盘处于中间位置	实验中位置变化大于总范围的 10% 或试验后电子助力转向功能异常
制动工况：应包含制动踏板的操作（除非因技术原因不能这么做），防抱死制动系统可以不起作用；非制动工况：制动灯和高位制动灯熄灭状态	制动工况：制动灯或高位制动灯不亮、制动故障警告灯亮（制动功能失效）、其他非预期激活或非制动工况：制动灯或高位制动灯亮
限速装置处于正常工作状态	非预期报警或故障报警
可调节缓速制动杆或档位开关处于常规位置	非预期激活
电子防盗系统处于解除警戒状态	非预期报警

(续)

车辆试验条件	失效判定准则
电子喇叭关闭状态	非预期激活
前照灯（LED 类或气体放电类）开启，近光灯工作模式	近光灯熄灭或 AFS（如果有）误动作
前刮水器最大速度（手动模式）	前刮水器完全停止
开启 AC，空调为除雾模式，最高温度	试验中暖风停止工作或 AC 灯熄灭
间接视野摄像监视系统正常工作	试验中非预期关闭、无显示或试验后功能异常
组合仪表正常工作状态	仪表指示、警报功能出现异常
行驶记录仪正常工作状态	试验中或试验后，存储功能异常
车载视频行驶记录系统正常工作状态	试验中或试验后，存储功能异常
显示屏（娱乐应用除外）正常工作状态	显示异常
驾驶员电动座椅处于中间位置	位置变化大于总范围的 10%
气囊和安全约束系统正常运行	非预期激活
电动车窗处于中间位置	非预期动作
自动门关闭	非预期打开
整车控制器正常工作	与整车控制器相关的功能异常
DC/DC 变换器正常工作	出现低压蓄电池电压不足报警或 DC/DC 变换器故障报警
动力电池组正常工作	故障报警或动力电池高压切断或显示数据异常
燃料电池系统正常工作	故障报警或燃料电池系统停止工作

（2）整车磁场抗扰度

整车磁场抗扰度应满足 SAE J 551 - 17：2015 Vehicle Electromagnetic

Immunity – Power Line Magnetic Fields 的相关要求，试验在整车半电波暗室进行，试验分场标定和车辆测试两个阶段，应分别在 50/3Hz、50Hz、60Hz、150Hz 和 180Hz 频点下进行测试，磁场强度为 30A/m，车辆应分别在驻车充电状态、车辆上电状态和车辆恒定运行状态进行试验。在进行磁场抗扰性试验的过程中，驻车充电状态和车辆上电状态时，车辆不应出现性能下降；恒速运行时，运行条件和失效判定准则见表 2-11。试验分为车辆横向和纵向试验，试验布置如图 2-16 所示。

图 2-16　磁场辐射抗扰性能测试布置图

2.3.1.3　整车充电状态 EMC 测评

插电式燃料电池电动汽车或增程式燃料电池电动汽车在充电状态下的 EMC 性能必须满足 ECE R10 – 6 *Uniform provisions concerning the approval of vehicles with regard to electromagnetic compatibility* 的相关要求。具体项目见表 2-12。

2.3.1.4　高压线束屏蔽效能测评

高压线束及连接器应具有良好的屏蔽效能，高压屏蔽线缆的走向布置不应使整车辐射发射增强。高压屏蔽线缆的屏蔽层应与高压导电外壳有效连接。高压屏蔽线缆及插接器的表面转移阻抗应满足 IEC 62153 – 4 系列标准要求。高压屏蔽线缆及插接器的屏蔽性能测试方法包括三同轴法、管中管法和线注入法，各测试方法对应的测试标准见表 2-13。

表 2-12 插电式燃料电池车充电状态 EMC 试验项目

项目类型	项目名称	参考标准	技术要求
电磁骚扰	辐射发射（宽带）	CISPR12	30MHz~1GHz，峰值、准峰值、平均值限值
	谐波发射	IEC61000-3-2	充电模式下输入电流：每相≤16A（A类）
		IEC61000-3-12	充电模式下输入电流：16<每相≤75A
	电压波动/闪烁	IEC61000-3-3	充电模式下输入电流：每相≤16A
		IEC61000-3-11	充电模式下输入电流：16<每相≤75A
	传导发射	IEC61000-6-3	AC端，0.15~30MHz，准峰值、平均值限值
电磁抗扰性	电磁辐射抗扰性	ECER10-3	20MHz~2GHz，30V/m 故障判断标准：车辆意外移动
	脉冲群抗扰性	IEC61000-4-4	±2kV，上升时间5ns，持续时间50ns，重复率5kHz 故障判断标准：车辆意外移动
	浪涌抗扰性	IEC61000-4-5	电源线与地线之间：±2kV，各电源线之间：±1kV 上升时间1.2μs，持续时间50μs 交流相位：0°，90°，180°，270° 故障判断标准：车辆意外移动

表 2-13 转移阻抗测试方法及要求

测试对象	测试方法	测试标准	技术参数
高压屏蔽线缆、连接系统总成	三同轴法	IEC62153-4-3：2013 IEC62153-4-4：2015	表面转移阻抗 9kHz~2MHz（≤10Ωm/m） 2~30MHz（≤40Ωm/m） 屏蔽衰减 30~108MHz（≥60dB）
高压屏蔽线束	三同轴法	IEC62153-4-15：2015	表面转移阻抗 9kHz~2MHz（≤10Ωm/m） 2~30MHz（≤40Ωm/m） 屏蔽衰减 30~108MHz（≥60dB）
高压屏蔽插接器	管中管法	IEC62153-4-7：2018	表面转移阻抗 9kHz~2MHz（≤10Ωm/m） 2~30MHz（≤40Ωm/m） 屏蔽衰减 30~108MHz（≥60dB）
高压屏蔽线缆	线注入法	IEC 62153-4-6：2017	表面转移阻抗 9kHz~2MHz（≤10Ωm/m） 2~30MHz（≤40Ωm/m） 屏蔽衰减 30~108MHz（≥60dB）

2.3.2 整车电气系统测评技术

燃料电池电动汽车需要完成电气可靠性测试并达到要求，具体测试项目及参考标准见表 2-14。

2.3.3 整车碰撞测评技术

2.3.3.1 整车碰撞后泄漏测评

在进行碰撞试验前,如果车辆没有安装符合精度要求的测量设备,则应在储氢系统中安装测量设备用以进行需要的压力和温度测量。

表 2-14 电气可靠性测试项目及参考标准

测试项目	标准要求
过电压	① UN = 12V 系统:在 $T = (T_{max} - 20℃)$ 下试验,功能状态至少应达到 GB/T 28046.1—2011 定义的 C 级,试验装置/系统一个或多个功能不满足设计要求,但试验后所有功能能自动恢复到正常运行;必要时可要求达到更严酷的 A 级,试验中和试验后,装置/系统所有功能满足设计要求。在室温下试验,功能状态至少应达到 GB/T 28046.1-2011 定义的级 D,试验装置/系统一个或多个功能不满足设计要求且试验后不能自动恢复到正常运行,需要对装置/系统通过简单操作重新激活;必要时可要求达到更严酷的 C 级,试验装置/系统一个或多个功能不满足设计要求,但试验后所有功能能自动恢复到正常运行 ② UN = 24V 系统:在 $T = (T_{max} - 20℃)$ 下试验,功能状态至少应达到 GB/T 28046.1—2011 定义的 C 级,试验装置/系统一个或多个功能不满足设计要求,但试验后所有功能能自动恢复到正常运行;必要时可要求达到更严酷的 A 级,试验中和试验后,装置/系统所有功能满足设计要求
叠加交流电	功能状态应达到 GB/T 28046.1—2011 定义的 A 级,试验中和试验后,装置/系统所有功能满足设计要求
供电电压缓升和缓降	在 GB/T 28046.2—2011 表 1 或表 2 的供电电压范围内,功能状态应达到 A 级,试验中和试验后,装置/系统所有功能满足设计要求;在供电电压范围外,功能状态至少应达到 GB/T 28046.1—2011 定义的 D 级,试验装置/系统一个或多个功能不满足设计要求且试验后不能自动恢复到正常运行,需要对装置/系统通过简单操作重新激活;必要时可要求达到更严酷的 C 级,试验装置/系统一个或多个功能不满足设计要求,但试验后所有功能能自动恢复到正常运行

（续）

测试项目	标准要求
供电电压瞬时下降	功能状态应达到 GB/T 28046.1—2011 定义的 B 级，试验中装置/系统所有功能满足设计要求，但允许有一个或多个超出规定允差，试验后所有功能应自动恢复到规定限制，存储器功能应符合 A 级；经协商可选择其他等级
电压骤降复位性能	功能状态应达到 GB/T 28046.1—2011 定义的 C 级，试验装置/系统一个或多个功能不满足设计要求，但试验后所有功能能自动恢复到正常运行
启动特性	在车辆启动期间工作的有关 DUT 功能应达到 GB/T 28046.1—2011 定义的 A 级，试验中和试验后，装置/系统所有功能满足设计要求
抛负载	所有电子保护输出端应确保能承受短路电流且在切断短路电流后能恢复到正常工作（最低级到 GB/T 28046.1—2011 定义的 C 级，试验装置/系统一个或多个功能不满足设计要求，但试验后所有功能能自动恢复到正常运行） 所有常规熔断器保护输出端应能承受短路电流且在熔断器替换后能恢复到正常工作（最低级到 GB/T 28046.1—2011 定义的 D 级，试验装置/系统一个或多个功能不满足设计要求且试验后不能自动恢复到正常运行，需要对装置/系统通过简单操作重新激活） 即使所有 DUT 材料符合 UL94－V0 的可燃性要求，所有无保护输出端可以被试验电流烧坏（功能状态为 GB/T 28046.1—2011 定义的 E 级，试验中装置/系统一个或多个功能不满足设计要求且试验后不能自动恢复到规定运行，需要对装置/系统进行修理或更换）
反向电压	恢复正常的熔断器连接后，功能状态应达到 GB/T 28046.1—2011 定义的 C 级，试验装置/系统一个或多个功能不满足设计要求，但试验后所有功能能自动恢复到正常运行

压力测量的精度应达到 0.5%。若储氢系统由多个储氢瓶组成，应分别测量各储氢瓶的压力和温度。向储氢系统中充入测试气体前，应清除气瓶中的杂质。因为储氢系统的压力随温度变化，所以目标压力应由下式确定：

$$P_{\text{target}} = \frac{\text{NWP}(273 + T_0)}{288} \tag{2-1}$$

式中　NWP——储氢系统的公称工作压力（MPa）；

P_{target}——储氢系统温度稳定后的目标充装压力（MPa）；

T_0——储氢系统温度稳定后的环境温度（℃）。

在进行碰撞试验前，应确保气瓶充装至目标充装压力的95%以上，并达到稳定。下游氢气管路上的氢气主截止阀，应在碰撞前保持开启状态。

根据测试现场的条件，测试过程中充装的气体介质可以是氢气或氦气，具体测试方法见以下要求。

（1）碰撞后氢气介质泄漏试验

在碰撞前和碰撞后的规定时间间隔 Δt 内，测量氢气的压力（P_0）和温度（T_0）。时间间隔 Δt 按下式计算：

$$\Delta t = V_{\text{CHSS}} \frac{\text{NWP}}{1000} [R_s(-0.027\text{NWP} + 4) - 0.21] - 1.7R_s \quad (2\text{-}2)$$

式中　NWP——公称工作压力（MPa）；

$\qquad R_s = P_s / \text{NWP}$；

$\qquad P_s$——压力传感器的压力范围（MPa）；

$\qquad V_{\text{CHSS}}$——储氢系统的容积（L）；

$\qquad \Delta t$——时间间隔（min）。若 Δt 的计算值小于 60 min，应将 Δt 设定为 60 min。

储氢系统中氢气的初始质量 M_0 可按下式计算：

$$P'_0 = \frac{288 P_0}{273 + T_0} \quad (2\text{-}3)$$

$$\rho'_0 = -0.0027(P'_0)^2 + 0.75 P'_0 + 0.5789 \quad (2\text{-}4)$$

$$M_0 = \rho'_0 V_{\text{CHSS}} \quad (2\text{-}5)$$

式中　P'_0——初始压力的测量值（MPa）；

$\qquad T_0$——初始温度的测量值（℃）；

$\qquad V_{\text{CHSS}}$——CHSS 的容积（L）。

在时间间隔（Δt）结束时，CHSS 中氢气的最终质量（M_f）可按下式计算：

$$P'_f = \frac{288 P_f}{273 + T_f} \quad (2\text{-}6)$$

$$\rho'_f = -0.0027(P'_f)^2 + 0.75P'_f + 0.5789 \tag{2-7}$$

$$M_f = \rho'_f V_{CHSS} \tag{2-8}$$

式中 P'_f——时间间隔（Δt）结束时最终压力的测量值（MPa）；

T_f——最终温度的测量值（℃）；

V_{CHSS}——CHSS 的容积（L）。

因此，在时间间隔（Δt）内氢气的平均流量为下式：

$$V_{H_2} = \frac{22.41(M_f - M_0)}{2.016\Delta t} \frac{P_{target}}{P_0} \tag{2-9}$$

式中 V_{H_2}——时间间隔内的平均体积流量（NL/min）；

P_{target}/P_0——用于抵消初始压力测量值（P_0）与目标充装压力（P_{target}）之间的差异。

（2）碰撞后氢气介质泄漏试验

在碰撞前和碰撞后的规定时间间隔 Δt 内，应测量氢气的压力（P_0）和温度（T_0）。时间区间 Δt 数值通过以下公式计算，如果计算时间小于 60min，则按 60min 计算，大于 60min 以计算时间为准。

$$\Delta t = V_{CHSS} \frac{NWP}{1000}[R_s(-0.028NWP + 5.5) - 0.3] - 2.6R_s \tag{2-10}$$

式中 $R_s = P_s/NWP$；

P_s——压力传感器的压力范围（MPa）；

NWP——公称工作压力（MPa）；

V_{CHSS}——CHSS 的容积（L）；

Δt 为时间间隔（min），若 Δt 的计算值小于 60 min，应将 Δt 设定为 60 min。

CHSS 中氢气的初始质量可按下式计算：

$$P'_0 = \frac{288P_0}{273 + T_0} \tag{2-11}$$

$$\rho'_0 = -0.0043(P'_0)^2 + 1.53P'_0 + 1.49 \tag{2-12}$$

$$M_0 = \rho'_0 V_{CHSS} \tag{2-13}$$

式中 P_0——初始压力的测量值（MPa）；

T_0——初始温度的测量值（℃）；

V_{CHSS}——CHSS 的容积（L）。

在时间间隔（Δt）结束时，CHSS 中氢气的最终质量（M_f）可按下式计算：

$$P'_f = \frac{288 P_f}{273 + T_f} \tag{2-14}$$

$$\rho'_f = -0.0043(P'_f)^2 + 1.53 P'_f + 1.49 \tag{2-15}$$

$$M_f = \rho'_f V_{CHSS} \tag{2-16}$$

式中 P'_f——时间间隔（Δt）截止时最终压力测量值（MPa）；

T_f——最终温度测量值（℃）；

V_{CHSS}——CHSS 的容积（L）。

在时间间隔内氢气的平均流量为：

$$V_{He} = \frac{22.4(M_f - M_0)}{4.003 \Delta t} \frac{P_0}{P_{target}} \tag{2-17}$$

式中 V_{He}——时间间隔内的平均体积流量（NL/min）；

P_0/P_{target}——用于抵消初始压力测量值（P_0）与目标充装压力（P_{target}）之间的差异。

用下式将氦气平均流量转化为氢气平均流量：

$$V_{H_2} = \frac{V_{He}}{0.75} \tag{2-18}$$

式中 V_{H_2}——相当的氢气平均体积流量。

2.3.3.2 碰撞后整车氢气浓度测评

氢气/氦气浓度传感器应确保在目标判定值处（体积分数 4% 氢气或 3% 氦气）有 ±5% 的精度，满量程测定值应至少大于目标判定值 25%。传感器应能在 10s 内测量出 90% 的满量程浓度变化。

在碰撞前，浓度传感器应位于车辆的乘客舱、行李舱和货箱，具体位置如下：

1）距驾驶员座位上方车顶 250 mm 以内或乘客舱顶部的中心附近。

2）距不受碰撞冲击直接影响的车辆行李舱和货箱顶部 100mm 以内。

浓度传感器应牢固安装在车辆构架或座位上，并对传感器进行保护，防止其在碰撞试验中受到碎片、气囊排出气体和抛射物的损害。使用安装在车辆内的仪器或利用远程传输，记录碰撞后的测量值。

车辆可位于室外不受风和阳光影响的区域。车辆也可位于室内，其空间应足够大或能够进行通风，以防止乘客舱、行李舱和货箱中的浓度超过目标判定值的 10% 以上。

当车辆停止行驶后，开始进行碰撞后封闭空间内的数据采集。车辆静止后，传感器数据采样时间应小于等于 5s，持续测量 60 min。测量中应滤掉失真数据点的影响。

在 60min 的碰撞后试验过程中，每个浓度传感器的滤波后读数应始终低于目标判定值（4% 氢气或 3% 氦气）。

2.3.4 整车氢气泄漏排放测评技术

燃料电池电动汽车的整车氢气泄漏排放直接涉及整车的氢安全，国内外的主要标准有 GB/T 24549—2009《燃料电池电动汽车 安全要求》、GB/T 37154—2018《燃料电池电动汽车 整车氢气排放测试方法》、T/CSAE 123—2019《燃料电池电动汽车密闭空间内氢泄漏及排放试验方法和安全要求》、ISO 23273:2013（Fuel Cell Road Vehicle – Safety specifications – Protection againsthydrogen hazards for vehicles fueled with compressed hydrogen，燃料电池道路车辆 安全规范压缩氢气燃料车辆的氢安全防护）、GTR 13（Global technical regulation on hydrogen and fuel cell vehicles，氢和燃料电池汽车全球技术法规）、SAE

J2578:2014（Recommended Practice for General Fuel Cell Vehicle Safety，燃料电池汽车通用安全推荐规程）、SAE J 2579：2013（Standard for Fuel Systems in Fuel Cell and Other Hydrogen Vehicles，燃料电池和其他氢燃料汽车的燃料系统）等。

在具体试验中，跟整车氢安全直接相关的测试项目主要有氢气排放、氢气泄漏、氢气浓度报警、仪器仪表几个方面。但不同标准对氢气排放泄漏的规定也有一定的差异，主要体现在环境温度、测试压力、测试工况几个方面，具体见表2-15。

表2-15 整车氢气排放泄漏标准内容简要对比

	具体项目	测试环境		气瓶压力	车辆工况			安全要求		
标准	GTR 13	密闭，55℃		115% NWP	静置	怠速	尾排	三秒平均值≤4%	瞬时值≤8%；	周围：≤1%
	SAE J2578：2014	密闭无通风	密闭有通风	最大设计能力	静置	组合工况	尾排	三秒平均值≤4%	瞬时值≤8%	周围：≤1%
	GB/T 24549—2009	密闭，常温		未明确	静置	组合工况	尾排：不明确	周围：≤3%		
	T/CSAE 123—2019	泄漏：30~55℃，密闭无通风、密闭有通风	排放：常温（20~30℃）	NWP	高温环境及停车、怠速、空调开启状态下的怠速、频繁启停状态下、可靠性行驶试验后停车状态下			无通风：静置8h，≤1%	有通风：任意时刻，≤1%	

2.3.4.1 燃料电池电动汽车氢气泄漏排放测评

（1）氢气排放试验方法

GB/T 37154—2018《燃料电池电动汽车 整车氢气排放测试方法》规定了两种情况下的氢气排放测试方法：6.1 节为怠速热机状态氢气排放，用于测试尾气中的氢气排放情况；6.2 节为循环工况下热机状态氢气排放，通过采用计算方法确定排放情况，具体规定如下：

1）怠速热机状态氢气排放。具体包括：

① 试验车辆的准备。在试验之前，按照制造商规定的程序，启动燃料电池发动机，使其运行在一定功率，使燃料电池发动机本身的温度处于制造商规定的范围内，然后关闭燃料电池发动机。

② 试验过程。按照制造商的规定，启动燃料电池发动机，使其保持在怠速状态，完成一次排气吹扫过程后保持 1min，然后按照制造商规定的程序停机。

③ 测量氢气排放相对体积分数。氢气排放相对体积分数按照以下要求进行测量：

a）从燃料电池发动机启动开始进行氢气排放相对体积分数测量，直至燃料电池发动机完全停机。

b）测量点位置：距离排气口外 100mm，且在排气口几何中心线延长线上。

④ 试验要求。试验过程满足以下要求：

a）试验进行一次。

b）连续记录氢气排放相对体积分数的时间历程曲线，采样频率不低于 5Hz。

2）循环工况下热机状态氢气排放。GB/T 37154—2018 中规定了循环工况下热机状态的氢气排放测试。该测试一方面可以综合评价汽车在模拟使用情况下的氢气排放情况,另一方面也反映了汽车氢气利用率的情况。实际排放情况会影响周围密闭空间中的氢气浓度,但不能反映尾排中氢气浓度的具体情况。

(2) 整车氢气泄漏排放测试

中国汽车工程学会团体标准 T/CSAE 123—2019《燃料电池电动汽车 密闭空间内氢泄漏及氢排放试验方法和安全要求》对燃料电池电动汽车密闭空间内的氢气泄漏排放进行了详细的规定。整个测试共分为五种不同情况,具体测试方法规定如下:

1) 车辆在高温环境及停车状态下的氢气泄漏试验。该试验是为了检验燃料电池车辆停放在高温且无机械通风的密闭空间内的氢气泄漏情况,步骤如下:

① 车辆在密闭舱外完成一次完整的启动、吹扫、停机过程。

② 车辆进入密闭舱后,停机,在车内弧顶最高点安装氢气浓度传感器。

③ 关闭密闭舱,车辆在规定的环境条件下浸车12h,从密闭舱温度达到设定温度后开始计时到浸车结束,密闭舱内温度控制在设定温度的±3℃内,否则浸车无效。

④ 浸车完成后,打开密闭舱通风装置,检查环境和密闭舱内的氢气浓度。当 ϕ_{H_2}(氢气的体积分数)为 0 时,关闭通风,并开始记录氢气浓度传感器数据。

⑤ 试验持续至少8h,采样频率至少为1Hz。

2) 车辆在怠速状态下的氢气排放安全试验。该试验是为了检验车辆在有机械通风的密闭空间(每小时空气交换率不大于6)内,在怠速状态下的氢气排放情况,步骤如下:

① 车辆在密闭舱外完成一次完整的启动、吹扫、停机过程。

② 试验车辆进入密闭舱后，停机，并在规定的环境条件下浸车 12h。

③ 浸车完成后，检测环境和试验舱内的氢气浓度，当 ϕ_{H_2} 为 0 时，关闭密闭舱。

④ 启动车辆，并使燃料电池发动机保持怠速状态累计至少 10min。

⑤ 从启动车辆开始记录氢气浓度传感器数据，采样频率为 1Hz。

⑥ 燃料电池发动机保持怠速状态累计至少 10min 后，停机，直到空间内各位置氢气浓度基本稳定并呈现下降趋势时，停止记录数据。

3）车辆在空调开启状态下的怠速氢气排放安全试验。该试验是为了检验车辆在有机械通风的密闭空间（每小时的空气交换率不大于6）内，空调开启状态下怠速时的氢气排放，步骤如下：

① 车辆在密闭舱外完成一次完整的启动、吹扫、停机过程。

② 试验车辆进入密闭舱后，在车内弧顶最高点安装氢气浓度传感器。

③ 车辆停机，并在规定的环境条件下浸车 12h。

④ 浸车完成后，检测环境和试验舱内的氢气浓度，当 ϕ_{H_2} 为 0 时，关闭密闭舱。

⑤ 启动车辆，开启空调，设定空调温度为最高或最低档，设定风量为最大，制热时打开外循环，制冷时打开内循环，并使燃料电池发动机保持怠速状态累计至少 10min。

⑥ 从启动车辆开始记录氢气浓度传感器数据，采样频率至少为 1Hz。

⑦ 燃料电池发动机保持怠速状态累计至少 10min 后，停机，直到密闭舱内各位置氢气浓度基本稳定并呈现下降趋势时，停止记录数据。

4）车辆在频繁启停状态下的氢气排放安全试验。该试验是为了检验车辆在有机械通风的密闭空间（每小时的空气交换率不大于6）内，频繁启停状态下氢气的排放情况，步骤如下：

① 车辆在密闭舱外完成一次完整的启动、吹扫、停机过程。

② 试验车辆进入密闭舱后，停机，并在规定的环境条件下浸车12h。

③ 浸车完成后，检查环境和试验舱内的氢气浓度，当ϕ_{H_2}为0时，关闭密闭舱。

④ 起动车辆，待车辆启动吹扫完成或燃料电池发动机进入怠速状态后，停机。

⑤ 从启动车辆开始记录氢气浓度传感器数据，采样频率至少为1Hz。

⑥ 待车辆完成停机吹扫后，再次启动车辆。

⑦ 重复步骤4）~步骤6）5次，停机，直到空间内各位置氢气浓度基本稳定并呈现下降趋势时，停止记录数据。

5）车辆进行可靠性行驶试验后停车状态下的氢气泄漏及排放试验。该试验是为了检验车辆在完成可靠性行驶试验后，在密闭空间内的氢气泄漏和排放情况。试验步骤如下：

① 车辆的可靠性行驶试验宜在试验场地内进行，可靠性行驶试验的总里程为15000km，里程分配为强化坏路3000km，平路2000km，高速跑道5000km，耐久工况5000km（按照GB/T 19750—2005《混合动力电动汽车 定型试验规程》附录B的规定进行）。

② 可靠性行驶试验完成后，按照步骤1）~4）对车辆的氢气泄漏排放情况分别进行测试。

2.3.4.2 氢气泄漏报警装置功能测评

（1）试验条件

1）试验车辆。启动车辆燃料电池系统，预热至车辆正常运行时的温度，车辆处于静止状态。

2）试验气体。应使用氢气体积分数不大于4%的氢-空气混合气体，根据车辆制造商的设定值，选择合适的氢气浓度。

（2）试验过程

氢气泄漏报警功能验证试验如下：

① 把试验气体吹入氢气泄漏探测传感器。

② 当达到车辆制造商推荐的警告浓度时，报警装置应该发出警告信号。

③ 当达到车辆制造商推荐的关断氢供应浓度时，主关断阀应实施关闭动作，通过主关断阀的供电情况和其动作的声音确认主关断阀已经关闭。

第3章 燃料电池电动汽车车载氢系统安全

Chapter Three

1. 燃料电池电动汽车载氢系统安全性设计、分析及测评技术。

2. 燃料电池电动汽车车载氢系统的一般安全要求；从功能要求、安全要求、启动与关断等方面详细介绍了燃料电池电动汽车车载氢系统的安全设计技术。

3. 基于CAE技术的燃料电池电动汽车车载氢系统安全仿真分析技术。

4. 车载氢系统的测评技术。

高压储氢是目前最简单和最常用的车载纯氢储存方法。因此，目前大部分的燃料电池电动汽车供氢系统都采用高压储氢方式。氢燃料电池商用车（客车、物流车）高压储氢通常压力为35MPa，氢燃料电池乘用车高压储氢压力可达到70MPa。燃料电池工作时对氢气的流量和压力有很高的要求，储存的氢气需要经过压力和流量调节系统调节后，再输送到燃料电池内部。储氢瓶、供氢管路、加氢口、压力流量调节元件、氢泄漏传感器和相应控制系统组成了车载供氢系统。车载供氢系统配置的储氢瓶容积可根据具体情况进行选配，从而组合成多种瓶组形式的车载供氢系统安装于燃料电池电动车辆，为燃料电池电动车辆提供氢气储存及调压后的氢气输出。

截至2019年底，我国燃料电池电动汽车保有量已经超过6000辆，预计到2025年将有5万辆，2030年将达到百万辆。随着燃料电池电动汽车的逐渐普及，作为燃料电池电动汽车重要组成部分的车载氢系统，由于氢气的易燃易爆特性，其安全性备受重视。氢气泄漏等引起的危险主要包括：

1）氢气重量轻、易泄漏、扩散速度快，当空气中的体积分数为 4%～75% 时，有爆炸风险，极易发生对人员以及设备构成威胁的事故。

2）在充装氢气过程中，进入同一设备及管路的氢气会由于高流速和压缩而温度骤升，若温度超过设备的安全规定范围，就会造成设备损坏和介质泄漏，甚至爆炸。

3）氢气与空气混合会形成爆炸性混合物，如果存在电火花或点火源，则极易发生火灾，在封闭空间还会造成爆炸事故。

3.1 车载氢系统一般安全要求

3.1.1 总则

燃料电池电动汽车车载氢系统作为燃料电池电动汽车的重要组成部分，主要的功能是实现高压氢气的加注、储存与供应。在车载氢系统设计开发过程中，应充分遵照相关国家标准，从设计开发到集成安装，均应满足如下安全要求。

1）燃料电池供氢系统应符合 GB/T 24549—2009《燃料电池电动汽车 安全要求》和 GB/T 26990—2011《燃料电池电动汽车 车载氢系统 技术条件》及 GB/T 29126—2012《燃料电池电动汽车 车载氢系统 试验方法》的要求。

2）车载氢系统零部件选型时，各零部件应符合相应国标要求，并满足车载氢系统使用需求，如加氢口应满足 GB/T 26779—2011《燃料电池电动汽车 加氢口》，对于常用的Ⅲ型储氢瓶，应满足 GB/T 35544—2017《车用压缩氢气铝内胆碳纤维全缠绕气瓶》等。

3）燃料电池供氢系统应满足燃料电池用氢气规模、对氢气品质的技术要求，同时应配置与整车关联可靠的监控关联系统，确保车辆使用安全。

4）车载氢系统在安装集成时，应确保安装集成人员经过相关培训和考核，严格控制装配过程中各项要求的有效实施。

5) 车载氢系统集成后应进行气密和保压测试，相关电子元件应进行联调，保证功能的有效实现。根据用户要求进行相关认证性试验，如 EMC 测试、振动测试等。

3.1.2 振动与冲击

燃料电池供氢系统应具备一定的抗振动和冲击的能力，保证正常使用、运输或储存过程中产生的振动和冲击不会对供氢系统各部件产生损害。可通过安装防振设施来避免振动和撞击产生的不良影响，包括由系统自身中的单体及辅助设备所产生的以及由外部环境产生的振动和撞击。

车载氢系统设计时应根据车辆运行振动频率分析储氢瓶固定方式和系统框架结构稳定性，可根据空间要求设计加强结构，提高车载氢系统整体结构强度；设计时应考虑电气插接件的可靠性，避免造成电气部件电线脱落或碰线，避免因振动导致短路等现象。

车载氢系统集成后，建议针对不同构型的系统进行振动试验，检验结构件、支撑件和系统管路连接的可靠性。

3.1.3 材料选择

燃料电池供氢系统由于直接或间接与氢气接触，应具有与氢气相容特性，所选材料应满足以下要求。

1) 在所有的使用条件下，具有必要的化学稳定性，使用中不会发生各种形式的化学反应，以避免这些反应形成对氢气的污染。最大可能地避免发生氢脆、氢腐蚀、应力腐蚀和其他形式的腐蚀。车载氢系统中与氢气存在承压关系的零部件材料应满足与氢气的相容性要求，对非公认材料应参考 ISO 11114-4:2005《可运输气瓶-气瓶和瓶阀材料与盛装气体的相容性-第 4 部分：选择抗氢脆金属材料的试验方法》进行相关测试。

2）适应供氢系统物理环境的变化，符合各项机械性能要求，并在使用条件下保持稳定的力学性能，如安装金属框架应充分考虑低温环境下冷脆造成的强度大幅衰减问题，以及密封用 O 形圈耐温性问题。

3）非金属管道和相关配件材料满足相应标准的规定要求。

4）所选用材料满足供氢系统整体预期寿命的要求。

5）当已知所用的材料在某些条件下会发生危险时，制造商应采取各种防范措施，并向用户提供必要的信息，以最大程度地降低人身安全与健康风险。

3.1.4　电气系统

车载氢系统一般还包含氢控制器、氢浓度传感器、压力传感器、电磁阀、连接线束、接插件等电气元件，它们组成了车载氢系统的电气系统。对电气系统的一般安全要求如下：

1）该电气系统应满足 QC/T 29106—2014《汽车电线束技术条件》、QC/T 417—2016《车用电线束插接器》、QC/T 29106—2014《汽车低压电线束技术条件》、EMC 测试的相关要求。

2）供氢系统所有电气元件和接线应该在机械强度、绝缘和电流承载能力方面均满足氢气安全使用要求。线束走向等应合理布置且卡固良好，尽量避免与相邻部件摩擦。线路中宜设置过电流保护装置。

3）电气元件的材料应满足供氢系统的使用环境，在选择电绝缘材料时，应考虑材料的机械强度、电绝缘强度和热绝缘特性，即使在出现火灾和事故时也能够起到防护作用。

4）供氢系统所用电磁启闭的元件、部件应采取必要的措施，避免同其他电磁设备因电磁干扰而产生不良影响。

5）供氢系统所有电气元件的开口或插头应采取保护措施防止破损，有产生电火花危险的电气元件，应予以适当的包覆。

6）电气元件所发出的电磁波，不应对其他电气设备的功能产生持续且重大的干扰。

7）为防止电气系统使用过程中产生破损、短路，并且避免电火花等对使用者或操作人员产生的危害，线路应加以适当的保护，或在没有妨碍的位置装设防护。电源接口应避免设置在氢气入口附近，氢管路与充电高压线应相对隔离。

8）为满足不同地方的使用环境要求，供氢系统所有电气元件应满足必要的耐盐雾性能要求，具体要求应满足使用环境要求或参照相应标准要求。

9）车载供氢系统电工电子产品进行防水防尘试验时，所有电气元件防护等级不低于GB/T 4208—2017要求的IP67等级。

10）电气系统中的各零部件应满足系统使用环境温度要求、防火阻燃要求，以及自身应满足的使用要求等。

11）根据供氢系统结构特点，对电气系统及配线等进行接地防护。

12）充电口与加氢口不宜设在车身同一侧，如设置在同一侧不应处于同一舱内，且相距至少200 mm。

13）车载氢系统在安装集成过程中应注意电气系统的安装规范，避免出现人为因素导致的功能性、耐久性、安全性等问题。

3.1.5 安装及布置

3.1.5.1 车载氢系统安装布置的一般要求

车载氢系统的安装及布置首先应满足GB/T 26990—2011《燃料电池电动汽车 车载氢系统 技术条件》中4.2节的描述，加氢口的布置应满足GB/T 26990—2011中4.4节的描述。此外，还应充分参考如下建议。

1）燃料电池供氢系统安装前，应检查供氢系统单体设备、管路及附件的各种合格证、技术文件，制定安装就位方案和相关安全措施。

2）要充分考虑使用环境对供氢系统可能造成的危害，采取必要措施，避免热源以及电器、蓄电池等可能产生电弧的部件对供氢系统的安全影响。

3）车载氢系统中的氢浓度传感器应布置在车内氢气容易聚集的最高点区域，如果区域分离较远，则相应增加氢浓度传感器数量。在可能发生泄漏的部位及载人车厢内，都应合理地安装氢气泄漏探测器，探测器应安装在氢气最易发生积聚的位置，一般为局部最高点、通风不好的地方。

4）车辆车身设计应减少车载氢系统不必要的承重。

5）车身应针对有可能产生氢气泄漏区域设计相应的氢气排放口。

6）车身与车载氢系统的安装应充分考虑积水排放问题，避免致使车载氢系统的电气系统长期泡水，产生安全隐患。

7）支撑和固定管路的金属零件不应直接与管路接触，需要加装非金属衬垫，但管路与支撑和固定件直接焊合或使用焊料连接的情况例外。

8）供氢系统可能产生静电的地方要可靠接地，或采取其他控制氢泄漏量及浓度的措施，以使得即便在产生静电的地方，也不至于发生安全问题。金属管路和金属连接件应可靠接地，连接处应采用金属线跨接，且适应氢气环境。

9）供氢系统应安装牢固，应避开易摩擦、易受冲击的位置，或者采取缓冲保护措施，以防止应用时发生位移或损坏。

10）供氢系统各功能总成、零部件的连接管路要牢固固定，固定点之间的间隔不大于1000mm，如总成无法固定在同一个结构体上，应确保两个不同的结构体之间的相对位移合理，必要时将储供氢总成与燃料电池系统用软管连接。

11）供氢系统安装在不能充分换气的封闭或半封闭空间（如驾驶室、载人车厢和货箱内）时，应该使用密封箱、波纹管及通气接口将瓶口阀及连接的高压接头与驾驶室、载人车厢或货箱安全隔离，通气接口排气方向应在与地面成45°圆锥的范围内，并能将泄漏气体排出车外，通气接口至排气管和其他热源距离不得小于250mm，通气总面积应不小于$450mm^2$。密封箱应满足如下要求：

① 密封箱的排风口位于装置最高点，且排放气体的流动方位和方向应远离

人、电源和火源。排放方向满足如下要求：不应直接排到燃料电池应用装置操作室等密闭空间；不应排向容易产生静电的装置；不应排向露出的电气端子、电气开关器件及其他引火源；不应排向其他储氢容器。

② 密封箱需进行密封和排气测试。

③ 密封箱的电气插头和元件不能产生火花。

④ 密封测试时，密封箱不发生任何永久变形。

⑤ 密封箱等隔离装置应有很强的防护功能，当车辆受到冲撞时应能有效地防止气瓶冲入驾驶室、载人车厢或货箱内。

12）供氢系统安装完成后，应检查各相关尺寸、连接管线的正确性、气密性；检查电气接地的正确性和接地电阻。

13）车载氢系统在组装、运输、吊装过程中应避免系统，特别是功能阀件、电气元件的磕碰，避免出现螺栓螺母的漏装、漏检，电气接插件的漏接、虚接、接地，以及静电片的漏装、卡套螺母的安装不到位等问题。

3.1.5.2 车载储氢瓶的安装及布置要求

（1）一般要求

供氢系统涉及的压力容器，应符合压力容器的相关标准，安装人员应持有相关资质。任何完整的高压氢气储存容器，应包括一个连接固定装置。

储氢瓶应被可靠地固定在车上，安装气瓶的固定座应具有阻止气瓶旋转、移动的能力，固定座应便于拆装工作。气瓶安装在车上后，气瓶的强度和刚度不得下降，车架（车身）结构强度也不应受影响。储氢瓶安装方法不能严重削弱车辆结构，部件结合的部位（比如将拉带螺栓焊到拉带上），连接点的强度不能小于任一连接件的强度。

当储氢瓶安装在车辆的外露空间时，应采取有效的防护措施，储氢瓶周围应避免有尖锐、棱角等结构的零件。

（2）燃料电池客车

对于燃料电池客车，采用储氢瓶底置设计时，储氢瓶舱体的两侧舱门上应有格栅，保证正常通风，且格栅的高度应位于气瓶舱门的高位，防止氢气在舱体顶部聚集；储氢瓶舱体与乘客舱应保证有效的隔离，防止泄漏的氢气进入乘客舱；与氢系统无关的电气线路和气体管路接头应尽量避开储氢瓶舱室。

当储氢瓶布置在车架下方时，储氢瓶下方应采取有效防护措施，应有效避免驱动轮造成的异物飞溅撞击储氢容器，气瓶最低位置离地距离建议不小于200mm。

储氢瓶应固定牢靠，其安装位置应使其在车辆前、后、侧向碰撞事故中受到车身结构的保护。车长大于6m的客车，储氢容器任何部位距车辆前端应不小于600mm，距车辆后端应不小于300mm。

气瓶安装在顶部时，顶置气瓶应有气瓶罩遮蔽保护，避免太阳直射；气瓶罩应结构合理，美观实用；气瓶罩侧门尽量采用碰销式结构，以便于开启；气瓶罩上应有通风口，通风口通气总截面面积应不小于$2000mm^2$。

储氢瓶安装位置应远离热源，其环境温度不得高于50℃，必要时应采取隔热措施。在任何情况下，气瓶及其所有高压管路与热源距离应不小于100mm；当气瓶及其所有高压管路与热源的距离在100~200mm之间时，应设置固定可靠的隔热及保护装置。

如果储氢瓶采用纵向安装方式，即储氢瓶的中轴线与车辆的纵轴平行，则储氢瓶装有阀门、仪表的一端应朝向车辆的尾部。

由于底盘放置了动力电池、DC/DC变换器及驱动电机，加上目前商用客车多为低底盘客车以方便乘客搭乘，建议将燃料电池商用客车的多瓶组车载氢系统布置于车顶。顶部的空间更有利于布置多个储氢瓶，以增加储氢量和续驶里程。除了考虑负载均衡以及不影响客车内部乘车空间外，车顶氢系统的罩壳可做成玻璃钢件，顶裙围采用成型的铝合金板，可有效地保证车辆外观的平整性与连贯性。此外氢系统罩壳顶部可以打开，方便对储氢瓶进行维护与安全操作。图 3-1 为供氢系统布置于顶部前半部的燃料电池商用客车案例。

图 3-1　商用客车车载储氢瓶安装及布置案例

（3）燃料电池乘用车

乘用车车载储氢瓶配置应综合考量足够的乘客空间、行李置放空间与燃料储量，并考虑车辆安全性与重量平均分配。建议轿车车载储氢瓶置于轿车底盘下方中部、后座乘客座椅的下方，以及行李舱与后轮间的开放空间。受空间的限制和规避停驶期间安全排放的风险，可采用多个高压储氢瓶。乘用车储氢瓶的安装及布置案例如图 3-2 所示。

图 3-2　乘用车车载储氢瓶安装及布置案例

（4）燃料电池货车

商用货车为了保证其一定的续驶里程，目前通常布置多瓶组 35MPa 的车载氢系统，中小型货车设置双瓶组或三瓶组，大型货车的储氢瓶可能会超过四组，必要时采用70MPa储氢系统，以提高储氢量和续驶里程。建议将储氢瓶以横卧叠排式安装在靠近牵引车头的车辆底盘上，可增加货箱的空间利用率。商用货车氢系统的布置方案可参考图3-3。

图3-3　商用货车车载储氢瓶安装及布置案例

3.1.6　使用环境

制造商应规定燃料电池供氢系统的使用条件，应包括海拔、工作温度、相对湿度、储存温度、使用寿命。

建议燃料电池供氢系统应能在下列环境条件下正常运行：①海拔：≤3000m；②环境温度：-20（-30）~50℃；③相对湿度：≤95%；④储存温度：-40~60℃。

车载氢系统应根据整车应用区域需求进行相应的环境验证性能试验。

3.2　车载氢系统安全设计

3.2.1　功能要求

车载氢系统可以分为加氢模块、储氢模块、供氢模块和控制监测模块，车载氢系统的安全设计可以结合上述几个模块的功能进行。

3.2.1.1 加氢模块

加氢模块一般包含加氢口、压力表、过滤器、单向阀等功能阀件，通过与加氢枪连接实现为车辆加注氢气的功能。为了保证加氢过程的安全可靠，应在充分考虑加氢时的温升问题、静电消除问题、气密性问题等的基础上，对加氢模块进行安全设计。一般应考虑以下建议：

1）考虑到加氢过程的温升问题，对于70MPa氢系统应配备温度监测模块。

2）加氢口周围应设计有静电接地装置。

3）为避免加氢口密闭不严导致高压管路漏气，增加单向阀。

4）为避免加氢模块连接点泄漏，在加氢模块安装舱内最高点区域安装氢浓度传感器。

3.2.1.2 储氢模块

储氢模块一般包含储氢瓶、瓶口组合阀（手动阀门、电磁阀、TPRD）、限流阀、压力传感器、瓶尾安全泄放装置（TPRD）等功能阀件。

为了保证储氢模块的安全可靠，储氢瓶应满足 GB/T 35544—2017《车用压缩氢气铝内胆碳纤维全缠绕气瓶》的相关要求，瓶口组合阀、瓶尾安全泄放装置同样应满足 GB/T 35544—2017 的相关要求，当管路内的压力异常降低或流量反常增大时，限流阀能够有效自动切断储氢容器内的氢气供应，压力传感器可以通过氢控制器向整车或燃料电池控制器传递压力信息。

3.2.1.3 供氢模块

供氢模块一般包含减压阀、压力传感器、安全阀、排空阀、电磁阀等功能阀件。为了保证供氢模块的安全可靠，减压阀应能保证输出压力的稳定可靠，安全阀能够实现管路压力超过一定限值后的起跳泄放功能，并在管路压力恢复正常后，可以恢复原状态。

3.2.1.4 控制监测模块

控制监测模块一般是由电气系统组成的，通过氢控制器实现车载氢系统运行状态的监测，其中包括储氢瓶的开启状态、瓶内的温度、管路的压力以及氢浓度传感器测量值，还要稳定高效地控制瓶口组合阀和其他电磁阀类的开启和关闭，计算车载氢系统运行的耗氢量，对剩余氢气量进行估算，实现不同故障的识别，还要通过 CAN 总线与整车通信，将接收来的信息发送给 VCU，并接受 VCU 的指令做出相应动作。

1) 余量监测。在易于观察处，设置氢气剩余量仪表。

2) 实时监测。供氢系统应具有能够实时监测储氢容器或管路压力及温度的能力，相应传感器材料应能够与氢完全兼容。当氢系统检测到气瓶或管路压力超过允许最大压力或检测到气瓶温度超高最高允许温度时，应主动报警，同时关断气瓶阀停止供氢。

当氢系统检测到储氢容器压力低于安全值时，应主动关断阀件停止供氢。

3.2.1.5 供氢能力

供氢系统在可用压力范围内应能够满足燃料电池系统的氢气需求。

供氢系统应有过流保护装置或其他措施，当检测到储氢容器或管道内压力异常降低或流量异常增大时，能自动关断储氢瓶内的氢气供应。如采用过流保护阀，该阀应安装在主关断阀上或紧靠主关断阀处。

主关断阀、储氢容器的单向阀以及安全泄放装置应集成在一起，装在储氢容器端头。对于多储氢瓶系统，每个储氢瓶的端头应分别安装手动关断阀或其他装置，在加氢、排氢及维修时可根据需要单独隔断每个储氢瓶。

3.2.1.6 氢气品质

根据 GB/T 37244—2018《质子交换膜燃料电池汽车用燃料 氢气》，燃料电池供氢系统供应的氢气品质应能满足表 3-1 所列要求。

表 3-1 氢气品质要求

序号	项目名称	指标
1	氢含量（最小摩尔分数）	99.97%
非氢组分最大浓度		
2	气体总量	300 $\mu mol/mol$
3	氧（O_2）	5 $\mu mol/mol$
4	水	5 $\mu mol/mol$
5	总硫含量	0.004 $\mu mol/mol$
6	甲醛（HCHO）	0.01 $\mu mol/mol$
7	甲酸（HCOOH）	0.2 $\mu mol/mol$
8	氨（NH_3）	0.1 $\mu mol/mol$
9	一氧化碳	0.2 $\mu mol/mol$
10	二氧化碳	2 $\mu mol/mol$
11	总烃（以 CH_4 计）	2 $\mu mol/mol$
12	氦（He）、氮（N_2）、氩（Ar）	100 $\mu mol/mol$
13	卤化物（以氯化氢计）	0.05 $\mu mol/mol$

注：颗粒物的指标可参考 ISO 14687（所有部分）的规定。

3.2.2 安全要求

3.2.2.1 气密性

车载氢系统的气密性应至少满足国标要求，此外还应满足一定的泄漏速率或符合气泡法检测要求。建议参考国外相关标准制定思路，将泄漏速率要求与安全扩散速率对应，氢气在静止空气中会以大约 20m/s 的速度迅速扩散，在有排空扇或流动空气的情况下会更快，如果单位空间内整车的泄漏速率小于等于扩散速率，那么可以根据使用区域、存放场所的情况，对气密性提出针对性要求。

3.2.2.2 泄漏量

在 1.05~1.1 倍额定工作压力下，供氢系统在稳态下每小时氢气泄漏量应小于0.5%。在安装供氢系统的封闭或半封闭空间上方合适位置，至少安装一个氢气浓度传感器，实时监测氢气的泄漏情况，并将信号传递给氢气泄漏报警装置。氢气传感器可在其响应时间内（一般为1s）感知到氢气泄漏。在燃料电池系统中易发生氢气泄漏或者氢气积聚且驾驶员容易识别的部位安装氢气泄漏报警提醒装置，泄漏浓度与警告信号的级别由制造商根据车辆的使用环境和要求决定，建议配置与传感器相应的安全连锁装置。建议当空气中氢气体积含量不低于2.0%±1.0%时，发出警告；空气中氢气体积含量不低于3.0%±1.0%时，立即关断氢供应；如果车辆装有多个氢系统，允许仅关断有氢泄漏部分的氢供应。

泄放分为两种情况：一种是当周围环境温度达到（110±5）℃时，TPRD开启；另一种是当减压阀下游管路压力超过安全阀起跳压力时，安全阀起跳泄放。

车载氢系统使用的车用压缩氢气铝内胆碳纤维全缠绕气瓶，都是经过火烧试验认证的，但是均为单只测试。当TPRD作用时，不同储氢瓶数量组成的瓶组中TPRD泄放管路串联应有数量及通径限制，避免集中泄放造成管路破损，以致氢气未能及时排出舱体外，在相对密闭的空间内积聚，最终造成严重后果。

安全阀泄放通径至少应满足燃料电池堆提供的安全压力下的泄放需求，但极端情况下应考虑减压阀完全失效时造成的无压降情况。

3.2.2.3 安全措施

（1）压力保护

系统应该带有检测压力的部件，当系统检测到供氢压力低于产品规定的最低压力时，应发出报警；当系统检测到供氢压力高于产品规定的最高压力时，应发出报警，同时关断气瓶阀停止供氢。

（2）泄压装置

系统应该有泄压装置,当系统压力大于设计压力时可以及时释放压力。为便于供氢系统操作及维护,可根据需要安装手动泄压阀。

(3) 接地性能

系统应具有接地点,且应有明显的标志,接地点应用铜螺母;供氢系统外壳、所有可触及的金属零部件与接地端子间的电阻应不大于0.1Ω。

(4) 防护等级

系统防护等级应符合 IP67。当完成防护等级试验后,系统部件不应有损坏或故障的迹象,也不应在系统任何部件中出现水的有害聚集。

(5) 氢气泄漏探测及报警

供氢系统或其安装使用位置应设置氢气泄漏浓度连续测定和报警装置。氢气浓度传感器应符合 GB 16808—2008 和 GB 12358—2006 的规定要求。报警装置应能根据氢气浓度的大小发出不同等级的报警信号。浓度与报警信号的级别可由供氢系统使用者根据具体的使用环境和标准要求决定。

涉及安全的气体传感器应根据 IEC 61779-6 规定进行选择、安装、校对、使用和维护。

(6) 安全泄压装置

供氢系统应设置安全泄压装置(Pressure Relief Device,PRD),在释放管路的出口处采取必要的保护措施,防止在使用过程中被异物堵塞,影响气体释放。通过安全泄压装置释放氢气时,应避免以下情况:

1) 直接排到密闭或半密闭空间。

2) 排向容易产生静电的装置或空间。

3) 排向露出的电气端子、电气开关器件及其他引火源。

4) 排向其他储氢容器。

3.2.2.4 电磁兼容性

燃料电池供氢系统不得在其周围产生超过规定水平的电磁干扰。除此之外,供氢系统电气设备应对电磁干扰具有足够的抵抗能力,以便在其工作环境中正常运行。供氢系统的电磁兼容性具体要求如下:供氢系统的静电放电抗扰度限制应符合 GB/T 17626.2—2018 中试验等级 3 的规定;试验期间,被测样品不应损坏、故障或发生状态改变,但允许指示灯闪烁,试验后系统应能正常工作。

3.2.2.5 绝缘及电安全要求

参考 GB/T 18384—2020《电动汽车安全要求》中规定的间接接触防护要求、绝缘电阻检测要求、电位均衡要求、电容耦合要求设计供氢系统,以保障其电安全。

3.2.3 启动与关断

3.2.3.1 启动

当所有防护装置均已到位且起作用时,供氢系统才能启动。为保证下次正常启动,可采用适当的连锁装置,装置应具备手动、自动启动功能。

氢系统在低压电源接通后,氢管理系统应控制供氢系统,先对氢系统提供氢气进行预充,确保氢气管路压力达到规定值。

3.2.3.2 关断

燃料电池不需要继续工作时,氢系统控制器根据通信协议关闭储氢瓶口组合阀,当燃料电池关闭时,整车关断瓶口组合阀供电;紧急情况时,驾驶员可紧急关闭氢阀翘板开关,切断储氢瓶瓶口组合阀供电需求,将瓶口组合阀关闭。根据燃料电池供氢系统的功能性要求,供氢系统应提供以下关断功能:

1) 紧急关断功能。当供氢系统内部或外部情况恶化,继续运行供氢系统会带来危害时,应能够通过手动启动应急按钮而终止供氢系统的运行,并同时自动切断氢气的供给。紧急关断功能应考虑以下安全因素:

① 在不产生新的危险情况下阻止危险发生。

② 在必要情况下，触发或允许触发某些防护措施。

③ 不论供氢系统处于何种运行状态，紧急开关启动后，紧急关断具有第一优先权。

④ 在紧急开关没有复位的情况下，系统不能重新启动。

⑤ 紧急开关的复位不得导致任何危险情况的发生。

2）正常关断功能。供氢系统处于正常运行状态，可通过启动控制设备而终止供氢系统运行。在正常运行情况下能够自动或手动安全关断。

3）非正常关断功能。供氢系统处于非正常运行状态时，可通过启动控制设备而终止系统的运行。在不会立即带来危险的非正常状态下能够自动关断，但不能自动重新启动。

当出现下列情况之一时，应触发关断功能，并进行停机检查：

① 监测的空气中氢气浓度超设定值（3%±1%）。

② 电力供应故障。

③ 系统检测到制氢系统内富氢化合物余量低于设定值。

④ 系统氢气压力超过/低于设定安全值。

⑤ 系统监测到温度超过设定安全值。

⑥ 系统监测到储氢容器或管道流量反常增大或压力快速下降。

氢气系统关断应注意以下事项：燃料电池系统停止供氢请求前，不允许断开氢气供应；当氢管理系统发生通信丢失，考虑到氢气传感器无法监控，建议整车控制器或燃料电池系统发送氢系统关断信号；当检测到车辆碰撞、火灾、氢气泄漏等严重情况，整车控制器应发送应急关闭氢系统的信号。

3.2.3.3 启动时间

对于以单质形式储存氢气的供氢系统（如高压气态储氢等），高压储氢启动时间由电磁阀控制，按燃料电池需求启动供氢。对于以化合物形式储存氢气的供氢系统，启动时间可根据用户要求确定。一般对于启动供氢的要求如下：

1）在热待机条件下，额定流量从 0 到 80% 的启动时间不应大于 10min，从 0 到 100% 的启动时间不应大于 15min。

2）在停机条件下且利用燃料燃烧实现氢气产生设备加热时，额定流量从 0 到 80% 的启动时间不应大于 45min，从 0 到 100% 的启动时间不应大于 50min。

3）在停机条件下且利用电加热装置实现氢气产生设备加热时，额定流量从 0 到 80% 的启动时间不应大于 120min，从 0 到 100% 的启动时间不应大于 125min。

3.3　氢系统结构安全仿真分析

由于燃料电池车载储氢系统安装在车辆上，车辆运行过程中会受到振动和冲击。为确保车载储氢系统的安全运行，模拟车辆的实际运行状况，可对其结构及安全性能进行仿真分析与设计。仿真分析主要包括静强度分析、模态分析、随机振动分析、疲劳分析和振动冲击分析。

氢系统结构及安全性能仿真分析过程可分为以下几步：首先建立结构的有限元模型；接着进行结构的模态分析，确定其固有频率、振型以及敏感频率；再计算结构的频率响应；然后根据功能性随机振动试验的加速度功率谱密度曲线开展垂向、横向和纵向的功能性随机振动试验仿真；之后根据长使用寿命试验的加速度功率谱密度曲线开展垂向、横向和纵向的长使用寿命试验疲劳仿真；最后开展垂向、横向和纵向的显式动力学冲击试验仿真。

3.3.1　CAE 分析前处理

在进行 CAE 分析前，为得到满足需求的几何模型，需要对车载氢系统的三维模型进行前处理，然后建立有限元模型。建立有限元模型主要包括模型简化、网格划分、材料属性定义和约束条件施加等。

3.3.1.1 模型简化

一般情况下，完整的三维模型须经过适当的简化修改。可忽略安装辅助构件的小孔、小凸台、小倒角等小特征；忽略支架等的螺纹孔等对结构力学性能影响较小的特征；去掉一些对分析结果影响不大但结构复杂的小零件等。对于长度远远大于厚度的零件，有限元中壳单元能很好地模拟其力学特性，并且拥有较高的计算效率，因此储氢模块的有限元模型主要由壳单元模拟。在实体结构中，大多数零件的连接方式为螺栓连接，分析可采用1d-bar单元来模拟其预紧、拉压等力学特性。气瓶固定卡带与气瓶之间的橡胶垫使用实体单元来模拟。另外，若需减少计算量，对于对称模型可以仅保留对称部分的几何模型，在边界条件设定为对称即可，这样网格数量变少，计算时间缩短。图 3-4 为某燃料电池电动汽车中的储氢系统结构和有限元模型。

图 3-4　某氢系统结构和有限元模型

3.3.1.2 网格划分

对于车载储氢系统，一般划分为壳单元。无法划分为壳单元网格的三维几何结构一般选用四面体和六面体结构，最好的情况是划分成六面体网格，因为其数量少、求解快。但有时模型复杂，无法离散成六面体网格，可采用四面体网格。

3.3.1.3 设置材料属性

在对结构材料设置材料属性，进行模态和后续分析时需要对密度、弹性模量、泊松比、应力应变曲线进行设置，一些常见材料的参数见表 3-2。材料设置过程中应考虑各物理量单位设置的一致性。例如，在结构分析中，采用毫米（mm）、秒（s）、吨（t）作为三个基本单位，其余单位由此导出，加速度单位采用 mm/s^2，加速度功率谱密度单位采用 mm^2/s^3。

表 3-2 材料属性

序号	零件名称	材料名称	密度/(g/cm³)	弹性模量/GPa	泊松比
1	支架铝管	6061T6	2.70	69	0.33
2	螺栓、螺母	普通碳钢	7.80	210	0.28
3	铝条	5083H22 铝合金	2.66	70	0.3897
4	板材	AISI 316 退火不锈钢条	8.00	193	0.3

3.3.1.4 施加约束条件

约束方面，根据台架的实际安装情况，在系统结构的随机振动分析中，对工装孔上的所有节点施加全约束或者加载给定的加速度载荷。

3.3.2 CAE 分析

3.3.2.1 静强度分析

结构静力分析是结构设计与强度校核的基础，主要是计算在固定不变的载荷作用下（包含由定常加速度引起的平衡惯性载荷）结构的响应（位移、应力、应变和力），不考虑阻尼的影响；静强度分析主要是确保结构不会产生永久变形或断裂，即对应结构应力不超过材料屈服应力或超过抗拉应力，应变不超过材料的断裂延伸率。仿真分析时参考特定标准中结构要求的载荷工况评估储氢模块结构强度。对于车载氢系统支架、支座、储氢瓶绑带，应该评估支架结构的最大应力值，最大应力应小于材料的屈服极限，不会产生永久变形，满足强度标准要求。

氢系统静强度主要分析不同工况（表 3-3 所列为一工况案例，特定仿真则参考要求的标准拟定工况）下氢系统框架结构和绑带等应力情况。通常储氢瓶绑带螺栓处应力集中严重，开裂风险较大，在仿真中需要重点关注。依据强度分析结果，发现结构存在的薄弱环节，再针对薄弱环节进行改进、优化设计。改进、优化设计可从以下方法实现：①更换 Q235B 绑带为 Q345B 材料的绑带；②增加绑带厚度；③绑带形状设计等。

表 3-3　加载工况

工况序号	X 向加速度	Y 向加速度	Z 向加速度
1	$3g$	0	$-1g$
2	$-3g$	0	$-1g$
3	0	$1g$	$-1g$
4	0	$-1g$	$-1g$
5	0	0	$3g$
6	0	0	$-1g$
……	……	……	……

3.3.2.2　模态分析

车辆行驶过程中会受到地面激励，若车载储氢系统的固有频率与这些激励的频率接近，便会发生共振，从而降低车载储氢系统的使用寿命。因此，需对其进行模态分析，使得车载储氢系统设计过程中固有频率避开激励频率，避免共振现象的发生。结构的模态分析是结构振动分析的基础。模态也就是结构产生自由振动时的振动形态，每一个自由振动的固有频率都对应一个振型。

模态分析是用来确定结构振动特性的一种技术，通过模态分析可以得到结构的固有频率、模态振型和模态参与因子等信息，同时模态分析也是采用模态叠加方法对振动系统在激励作用下的动态响应进行计算的基础。因此，对于动态分析，需要全面了解模态参数，并对特定结构的固有频率和模态振型进行计算。同时通过对系统模态的求解并获取固有频率，对于在设计中避开共振频率和选择合适的安装位置等方面有重要的作用。因此，模态分析用以确定模型的固有频率及振型，然后在模态分析的基础上进行随机振动分析，以确定模型在随机振动载荷下的响应情况。

3.3.2.3　随机振动及疲劳分析

汽车行驶在凹凸不平道路上，极易遭受来自路面不平度引发的冲击载荷，使车载储氢系统受到竖直方向的振动。由于路面不平度是一种随机变量，每一条道路都有其特有的不平度，所以汽车振动为随机振动。这样，作用在车载储氢系统上的载荷是随机振动载荷，致使车载储氢系统结构损坏的因素可能是路面随机激励的长时间作用而引发的疲劳失效，或是在凹凸不平的路面上运行时车载储氢系统的动强度不足。因此，对车载储氢系统进行随机振动分析，在工程实际中有非常重要的现实意义。

随机振动分析可利用仿真软件的随机振动模块，完成对系统的功能性随机振动分析。先根据模型进行模态分析，得到模态频率和振型，然后根据所承受的随机振动条件，设置模型功率谱密度曲线，并设置相应的阻尼参数，振动分别沿 X、Y、Z 三个方向，分析不同随机载荷下系统的均方根位移、均方根应力和均方根加速度响应。

车载氢系统主要由铝合金型材、铝合金板材和绑带支架等部件通过焊接或螺栓预紧等方式组合而成。由于汽车行驶工况复杂，为了进一步确定其使用寿命是否满足要求，对其进行疲劳模拟。根据特定参考标准的要求，分别计算系统在 X、Y、Z 三个激励工况下的支架结构应力，结合材料的 S-N 曲线计算结构疲劳损伤，评判结构的疲劳寿命水平。通过换算把单位时间结构的损伤，转化为结构的试验寿命。

3.3.2.4 冲击强度分析

由于燃料电池车载储氢系统在车辆行驶过程中会受到大加速度载荷瞬态冲击，为验证系统抵抗冲击的性能，对车载储氢系统，按拟仿真的参考标准施加一系列持续时间为 D、峰值为 A 的单个半正弦脉冲。

在求解过程中，主要关注气瓶支架和绑带在载荷下的响应，监测应力应变分布的情况，同时获得结构的应力和相应的阻尼参数。分析结构的最大应力值是否小于材料屈服应力，最大应变是否小于材料断裂延伸率，进而判断氢系统是否存在冲击破坏的风险。

3.3.2.5 优化设计

设计优化是在给定约束条件下，按某种目标（如重量最轻、成本最低、刚度最大等）求出最好的设计方案。优化的三大要素包括设计变量（自变量，每个设计变量都有上下限，定义了设计变量的变化范围）、约束条件（因变量，设计变量的函数，可以有上下限，也可以只有上限或者下限）、目标函数（结构优化的约束条件一般有几何约束条件和性态约束条件两种）。例如，对燃料电池车载储氢系统中的支架进行设计优化，在 OptiStruct 软件中把支架质量定义为目标函数，把支架的厚度定义为设计变量，把支架的最大应力定义为约束条件，OptiStruct 软件将求解出满足各种定义工况下应力标准的支架最小质量对应的支架厚度。

3.4 车载氢系统测评技术

车载氢系统测试分为公告测试及一般测试。

公告测试即目前国家强制要求的测试。按照 GB/T 29126—2012《燃料电池电动汽车　车载氢系统　试验方法》中 6.1.1.3 节的描述，"当储氢容器安装紧固后，分别在车辆坐标系 X、Y、Z 三个方向施加 8 倍于充满标称工作压力氢气的储氢容器重力的力，测量检查储氢容器与固定座的相对位移"，以及 GB/T 26990—2011《燃料电池电动汽车　车载氢系统　技术条件》中 4.2.4 节的描述，"储氢容器安装紧固后，在上、下、前、后、左、右六个方向上应能承受 $8g$ 的冲击力，保证储氢容器与固定座不损坏，相对位移不超过 13mm"。此外还有加氢口测试及气瓶型式试验报告。

一般测试涉及的方面比较多，主要有安装座的安全测试（氢泄漏、氢排放、功能要求、绝缘安全、加氢安全和碰撞安全等）、盐雾测试、高低温环境测试、零部件自身的型式试验、电子元器件的 EMC 测试、湿热循环测试、盐雾测试以及系统主体的振动测试等。

3.4.1　供氢系统管路气密性测评

供氢系统管路气密性检测，应在管路安装完成后或气体置换前进行。采用惰性气体（氦气 20%，氮气 80%）作为检测介质。对于压力调节器与燃料电池堆之间的管路，泄漏检测压力为实际工作压力；对于加氢口至高压储氢瓶之间的管路，泄漏检测压力为 1.25 倍的公称工作压力（NWP）。使用泄漏检测液进行目测检查，3 min 内不应出现气泡。使用氦气检测仪进行检测时，应尽可能接近测量部位，其泄漏速度应满足不高于 $0.005 mg/s$。

3.4.2　启动与关断功能测试

测试手动启动方式时，手动启动或关闭燃料系统，检查系统是否正常启动或关闭。测试遥控启动方式时，远程启动或关闭燃料系统，检查系统是否正常启动或关闭。测试自动方式时，定时启动或关闭燃料系统，检查系统是否正常启动或关闭。

3.4.3 安全相关测评

（1）泄漏量测试及评价

供氢系统应当将泄漏试验气体压缩到规定压力，并观测 3min 内表面活性剂是否产生气泡；或者使用已被证实等效的办法进行泄漏试验。允许的泄漏速率只适用于 100% 氢气，其他气体或者混合气体允许的泄漏速率应当被等效成 100% 氢气的泄漏速率。

在供气系统的出口处安装精度为 0.5% 的压力计和截止阀。关闭截止阀后打开氢气阀门及管路上其他的阀门，系统达到额定工作压力并稳定 1min 后，记录压力传感器测得的压力 p_1。关闭氢阀门，24h 后记录压力传感器测得的压力 p_2。按照式（3-1）进行计算，泄漏率以平均每小时小于 0.5% 为合格。当 p_1 和 p_2 只略高于大气压，且两者相差不大时，在式（3-1）中可不必代入氢气的压缩因子。

$$L = \frac{1 - \frac{p_2 T_1 Z_1}{p_1 T_2 Z_2}}{T} \times 100\% \qquad (3\text{-}1)$$

式中 　L——泄漏率；

　　　T——测试时间；

　　　p_1——测量开始时记录的压力（MPa）；

　　　p_2——测量结束时记录的压力（MPa）；

　　　Z_1——p_1 压力下的压缩因子；

　　　Z_2——p_2 压力下的压缩因子；

　　　T_1——记录 p_1 时的环境温度（K）；

　　　T_2——记录 p_2 时的环境温度（K）。

氢气的压缩因子按照式（3-2）进行计算：

$$Z = \sum_{i=1}^{6} \sum_{j=1}^{4} v_{ij} p^{i-1} (100/T)^{j-1} \tag{3-2}$$

式中 v_{ij} ——系数；

p——需要计算压缩因子的压力（MPa）；

T——热力学温度（K）。

(2) 压力保护测试

检测系统是否有压力测量装置，当压力高于或低于设定压力时是否有报警。

(3) 泄压装置测试

检测系统中是否有泄压装置，当系统压力大于设计压力时，泄压装置应可以及时释放压力。

(4) 接地性能测试

按以下步骤对接地性能进行试验：

1) 被测系统的内部电路、监控设备及所有外部电路完全断开。

2) 使用数字微欧计、开尔文电桥等微电阻测量仪器，按微电阻测量仪器测量接线方法（双线或四线），测量线主接线端接主保护接地端子，测量线另一端依次接可以触及的金属部件。

3) 从微电阻测量仪器依次直接读出主保护接地端子与各测量点之间的连接电阻值。

(5) 防护性能测试

按照 GB/T 4208—2017 中 13.4 节和 14.2.4 节的规定分别进行防尘和防水试验。对于安装在舱室内或外壳内的供氢系统，进行该试验时需要把供氢系统安装在舱室内或外壳内。

3.4.4 振动与冲击测评

车载氢系统的耐振动性能直接决定了整车的安全性以及使用寿命，振动试验的目的是模拟车载氢系统在汽车行驶过程中可能出现的振动激励，提前预测潜在故障和失效模式，从而在车载氢系统和汽车设计过程中加以避免，满足车辆全生命周期运行需求。

车载氢系统的振动测试应充分参考车辆类型、车辆运行设计重量、车载氢系统重量（或瓶组数）、车辆运行速度、车载氢系统安装布置位置等信息，制定相应的振动测试方法及流程。一般车载储氢瓶的振动测试如图3-5所示。

图 3-5　车载储氢瓶振动测试

车载供氢系统根据整车布置要求，一般可分为单层排列或多层叠加排列结构形式，建议按表3-4所列顺序及时间进行试验，试验顺序应按照 Z、Y、X 方向依次进行。若振动顺序不按照此规定，应在试验报告中注明试验顺序。

车载供氢系统经历振动和撞击后，需满足气密性和泄漏量的要求，应有预防措施确保人员和财产安全。

表 3-4 随机振动试验方法

振动方向	功率谱密度（PSD）	振动时间/h	备注
X	见 Q/320582QYH101—2018 的附录 A 附录 B	12	X 对应产品在车辆上的前进方向
Y		12	Y 对应产品在车辆上前进方向的水平垂直方向
Z		12	Z 对应产品在车辆上的上下方向

注：单层排列结构按附录 A 要求进行，多层叠加排列方式按附录 B 要求。

第 4 章 质子交换膜燃料电池堆安全

Chapter Four

1. 燃料电池堆安全性设计及测评技术。
2. 燃料电池堆的通用安全要求；从质子交换膜、MEA、GDL、极板及端板方面分析了燃料电池堆关键材料及部件的安全影响因素；从散热设计、密封设计、绝缘设计等方面介绍了燃料电池堆的安全影响因素及设计技术。
3. 质子交换膜燃料电池堆制造、运输等环节的安全影响因素。
4. 从氢电安全测评、振动冲击测试、高低温测试、IP 测试及盐雾腐蚀测试等方面介绍了燃料电池堆的安全测评技术。

质子交换膜燃料电池（Proton Exchange Membrane Fuel Cell，PEMFC）是用质子交换膜作为电解质的燃料电池，是将外部供应的燃料（氢气）和空气中的氧化剂（氧气）的化学能通过电化学反应直接转化为电能、热能和其他反应产物的发电装置。由于单个电池输出电压低，通常以多片堆叠组装的形式组成燃料电池堆，由外部统一提供燃料和氧化剂，并统一向外部输出电能和热量。

由此可见，车用质子交换膜燃料电池集中了氢、热、电、压力等所有危险因素。因此，质子交换膜燃料电池堆是燃料电池电动汽车安全性的重点关注对象，本章重点论述其安全性问题。

4.1 质子交换膜燃料电池堆通用安全性

质子交换膜燃料电池堆应在易发生腐蚀、摩擦的部位采取必要的防护措施，并对质子交换膜燃料电池堆的电压或电流、反应气和冷却液的进出口温度、压力或流量等进行监测或者计算。GB/T 20042.2—2008 对质子交换膜燃料电池堆安全性提出了详细要求和设计提示。在燃料电池堆设计制造过程中，燃料电池堆制造商应进行符合 GB/T 7826—2012、GB/T 7829—1987 和 IEC 61508-1-2010 等标准的风险评估，并根据风险评估结果进行设计，以保证所有零部件适合于预期运行的环境温度、压力、流速、电压及电流范围等条件，同时能够耐受燃料电池堆所处环境、运行过程和其他条件的不良影响。

由于质子交换膜燃料电池堆中有氢气及其他储能物质或能量（如易燃物质、加压介质、电能、机械能等），按照以下顺序为质子交换膜燃料电池堆采取通用安全措施：

1）消除质子交换膜燃料电池堆的外在隐患。

2）对上述这些能量进行被动控制（如采用防爆片、泄压阀、隔热构件等），确保能量释放时不危及周围环境。

3）对这些能量进行主动控制（如通过燃料电池中的电控装置）。在这种情况下，由控制装置故障引发的危险应逐一进行考虑。对安全部件的评价应符合 IEC 61508 的规定，另一方面，可将危险告知燃料电池系统集成制造商。

4）提供适当的、与残存危险有关的安全标记。

4.2 质子交换膜燃料电池堆关键材料、部件及安全影响因素

质子交换膜燃料电池堆各组件使用的材料对工作环境应有耐受性。目前质子交换膜燃料电池典型工作温度为75℃左右，在工作过程中，燃料电池堆内部组件要面对复杂的电化学环境，因此对耐腐蚀性有一定要求。此外，在车载环境下，燃料电池堆还将面对振动、冲击、灰尘、雨淋、环境温度大幅度变化等

不利条件,这都可能对燃料电池堆安全造成不利影响,应充分考虑这些不利因素,并对燃料电池堆进行适当保护。

质子交换膜燃料电池的主要结构包括质子交换膜、两侧的多孔电极催化剂层和气体扩散层,以及外侧构成气体传输通道和电子导体的极板。此外,质子交换膜燃料电池堆两侧由端板为电池提供堆叠压力。质子交换膜燃料电池堆由多个质子交换膜燃料电池单体电池串联而成,其结构示意图如图 4-1 所示。

图 4-1　质子交换膜燃料电池堆结构示意图

4.2.1　质子交换膜

质子交换膜是 PEMFC 的核心部件之一。质子交换膜是由可以传导质子的固态聚合物制成的厚度仅为 $10\mu m$ 左右的薄膜,用于分隔氢气和氧气,只允许结合水和质子在阳极侧和阴极侧之间移动,即水传输和质子传导。其主要作用如下:

1) 将阴极和阳极分隔开,阻止燃料(氢气)和氧化剂(氧气)直接混合发生化学反应。可用气体透过率来评价,气体透过率越高,膜的气体阻隔性能越差,氢气和氧气接触越多,使得电池两极电势差越低,电池的开路电压 (Open Circuit Voltage,OCV) 也越低。

2）传导质子。可用质子电导率来评价，质子电导率越高，膜的内阻越小，氢气的化学能可更高效地转变为电能，即燃料电池的效率越高。

3）电绝缘。阻止电子在膜内传导，从而使氢气氧化后释放出的电子由阳极通过外电路向阴极流动，产生外部电流供人们使用。

质子交换膜厚度与燃料电池的安全性和性能密切相关，这是因为质子交换膜的质子传导阻力是燃料电池输出电压降的主要组成之一，厚度大则表示传导阻力大、性能低，厚度小则容易压伤刺穿；另一方面，质子交换膜中的结合水从阴极侧反向扩散到阳极侧是由两侧之间的含水量梯度驱动的，厚度小则含水量梯度大，反向扩散强，从而允许更多的结合水电迁移，提高活性面积内的电流密度。由此可见质子交换膜的选型，尤其是厚度参数的确定，是燃料电池输出性能和安全性能之间协调的结果。燃料电池制造商应根据实际测试结果，在保证燃料电池安全性能的前提下，选择合适的质子交换膜产品型号。

质子交换膜损伤的主要原因有机械损伤、热降解、化学降解等，其材料要具有足够的电化学稳定性、热稳定性和一定的机械稳定性，保证燃料电池在工作过程中能够耐受气流冲击、电流冲击和自由基攻击而不发生降解，保证燃料电池内部不会发生气体窜漏、短路等危险。

具体来讲，阴极发生的氧气还原反应，容易生成过氧类自由基，因此质子交换膜应具有优异的化学稳定性，以保证燃料电池的寿命。若氢气和氧气同时出现在同一侧电极的催化剂上，其反应所释放的化学能只以热量形式释放出来，由此形成大量放热，导致燃料电池堆温度急剧上升，当质子交换膜的局部温度超过其耐受极限，就会出现局部破洞烧穿，进一步导致更多的氢氧混合，从而发生燃料电池堆热失控的危险。此外，无论在干燥或水饱和的状态下，质子交换膜都应具有一定的机械强度，在组装和使用时不会破裂，以保证使用安全和使用寿命。

质子交换膜的评价指标包括质子传导率、离子交换当量、拉伸强度、透气率、吸水率、溶胀率等材料属性以及厚度和均匀性等成品参数。GB/T 20042.3—2009详细说明了上述参数及其测试方法。上述关键参数对质子交换膜的性能及安全性有重要影响，下面以透气率为例进行详细说明。

氢气分子极小，具有很强的渗透能力，厚度仅为10μm量级的质子交换膜实际上并不能把氢气完全隔离。实际上，氢气可以直接渗透穿过质子交换膜，该过程可等效为部分质子携带电子穿过质子交换膜，其中电子的电荷移动可等效为一额外电流，称为渗氢电流。渗氢电流相关信息详见4.2.2节关于膜电极（Membrane Electrode Assembly，MEA）的介绍。

此外，在厚度仅为10μm量级的质子交换膜制备过程中，由于气泡、粉尘等其他不良因素无法完全避免，质子交换膜必然存在微小的穿孔。氢气从阳极侧经该微小穿孔窜漏至阴极侧，会发生前述的放热反应。微小穿孔窜漏表现为透气率的显著增大，而窜漏导致发热量超过阈值，将发生前面所述的热失控危险。因此，严格限制质子交换膜透气率上限，避免微小穿孔窜漏过大，是避免热失控危险的重要保障。对于车用质子交换膜燃料电池堆所采用的质子交换膜，其透气率上限建议为$0.14mL/(min \cdot cm^2)$，气体体积标准状态为0℃，1atm（101.325kPa）。

氢氧分隔是质子交换膜的基本要求，在使用过程中，氢氧分隔失效是影响燃料电池堆寿命和安全性的主要失效模式之一。从氢氧分隔失效这一失效模式来追溯其起因，如图4-2所示。可见，可能导致氢氧分隔失效的关键材料属性包括材料机械强度、玻璃化转变温度和透气率。此外，厚度及其均匀性也对氢氧分隔失效有显著影响。

4.2.2 MEA

膜电极（MEA）是燃料电池中最重要的部分，有燃料电池"心脏"之称，是电化学反应发生的场所，提高膜电极性能能够有效提高燃料电池单体的性能。

图 4-2　质子交换膜氢氧分隔失效原因树状图

MEA 主要由质子交换膜（PEM）、气体扩散层（Gas Diffusion Layer，GDL）、催化剂层（Catalyst Layer，CL）三部分组成，其在质子交换膜阳极和阴极两侧分别布置多孔电极催化剂层和气体扩散层，通过热压或贴合而成。为了方便质子交换膜燃料电池堆的堆叠组装工艺批量化高效进行，膜电极组件 MEA 通常还包括外侧的边框。边框具有一定的厚度和强度，以便与极板之间通过密封垫圈等形式实现密封，将氢气、空气、冷却剂与燃料电池堆外部环境相互隔离。密封垫圈可布置在膜电极组件边框上，也可布置在极板上。

膜电极组件的评价指标和测试方法标准在 GB/T 20042.5—2009 中均有详细说明。其中，渗氢电流密度是氢气窜漏的重要评价指标。GB/Z 27753—2011 中规定，当渗氢电流密度不小于 $20mA/cm^2$ 时，应停止膜电极组合循环工况试验。

膜电极组件的失效主要包括两侧电极短路、氢气窜漏、气体泄漏、冷却液泄漏等。其中，两侧电极短路是指碳纤维或导电碳粉颗粒等电子导体穿透质子交换膜，直接连通了阳极和阴极两侧多孔电极催化剂层之间的电子通道，形成短路，继而发生燃料电池堆热失控的危险。而氢气窜漏则是质子交换膜由于受压损伤等原因，微小穿孔扩大，氢气窜漏量增大，也存在发生燃料电池堆热失控的危险。随着电化学反应的进行，膜电极中质子交换膜和催化剂都会发生不同程度的老化，同时，催化剂流失进入膜内会加剧质子交换膜的降解，以上都会导致氢气和氧气的窜漏。电极短路和氢气窜漏虽然根本机理不同，但在质子交换膜受损穿孔后发生燃料电池堆热失控危险的过程中，具有相辅相成的关系，是燃料电池制造商在设计制造过程中必须避免的失效形式。膜电极的损伤或损坏轻则造成燃料电池堆性能下降，重则造成窜气、气体泄漏，发生危险。

除了发生电化学反应的中间流场部分，设计不合理的外围边框也有可能导致膜电极组件中的质子交换膜损伤。由于质子交换膜厚度仅为 $10\mu m$ 量级，其材料机械强度也低于边框材料，其结构强度远小于边框，因此质子交换膜与边框结构相连处会发生应力集中。质子交换膜燃料电池使用过程中，两侧氢气和空气压力会因为载荷和工况的变化而发生变化，其压力差变化会导致质子交换膜发生弯折变形，同时温度变化导致的热膨胀以及湿度变化导致的溶胀也均会导致质子交换膜发生张力变化。这些弯折变形和张力变化会因应力集中而损伤质子交换膜与外围边框连接处。可行的解决方案包括通过运行控制策略减少质子交换膜两侧压差变化，以及通过材料选型改进降低质子交换膜热膨胀和溶胀。此外，也可通过合理设计减少质子交换膜与边框连接区域处的结构强度突变，例如通过胶粘连接，并合理控制过渡胶层的厚度，以减少该处应力集中。此外，在膜电极制备过程中，过高的温度和过大的压紧力容易引起质子交换膜的损伤，造成氢气和氧气的窜漏，产生危险。因此，应该根据膜、催化层、扩散层等的材质及厚度严格控制操作条件。

4.2.3 气体扩散层

气体扩散层（GDL）的主要功能是极板与多孔电极催化剂层之间的连接匹配。极板上的气体通道和导电平台宽度虽然仅为亚毫米量级，但相比多孔电极催化剂层中的孔隙通道尺寸和颗粒尺寸仍高了两个量级以上。因此需要纤维及孔隙通道尺寸在两者之间的气体扩散层作为中介，使气体通道中的气体可以有效扩散到多孔电极催化剂层，使气体通道下方的多孔电极催化剂层中的电流可以有效传导到导电平台，从而提升多孔电极催化剂层的实际利用率。此外，气体扩散层也有保护多孔电极催化剂层，避免其从质子交换膜表面剥离，起到防止多孔电极催化剂层表面催化剂及其载体脱落等功能。

气体扩散层的评价指标包括垂直和平面方向的电导率、导热系数、透气率、孔隙率、抗拉强度、抗弯强度、压缩特性、面密度、表观密度、表面粗糙度、厚度及其均匀性等。GB/T 20042.7—2014 对上述参数进行了详细说明，并提供了相应的测试标准。

气体扩散层由基底层和微孔层两部分组成，基底层通常使用多孔的碳纸、碳布制成，其厚度约为 40～100μm，主要作用是支撑微孔层和催化层，并为氢气扩散、电子和反应生成水排出提供通道。微孔层通常是为了改善基底层的孔隙结构而在其表面制作的一层碳粉层，厚度约为 10～100μm，其主要作用是为了降低催化层和基底层之间的接触电阻，使气体和水发生再分配，防止电极催化层"水淹"，同时防止催化层在制备的过程中渗漏到基底层。

由于碳纸和碳布中的碳纤维有可能透过多孔电极催化剂层，刺穿质子交换膜导致短路和氢气窜漏危险，目前气体扩散层会在靠近多孔电极催化剂层一侧，再喷涂一层以导电碳粉和聚四氟乙烯为主要成分的微孔层，降低其表面粗糙度和刺穿损伤质子交换膜的风险。此外，微孔层中的孔隙与碳粉颗粒尺寸介于碳纸、碳布和多孔电极催化剂层之间，进一步降低了界面两侧通道的尺寸量级差异，提升了气体传输和电荷传导的效果。

气体扩散层对质子交换膜的损伤形式主要是纤维刺穿。因此，表面粗糙度和厚度及其均匀性是气体扩散层影响质子交换膜燃料电池安全性能的主要参数。燃料电池制造商应避免采用表面存在纤维断口的气体扩散层，例如具有断裂界面的碳纸。微孔层表面应该光滑而完整，若存在肉眼可见的裂纹或裂缝，也有可能损伤质子交换膜而导致穿孔窜漏，必须避免使用。此外，气体扩散层在生产制造时需要避免存在较长的毛刺，避免在与质子交换膜热压的时候刺破质子交换膜，导致气体窜漏引发危险。

4.2.4 极板

燃料电池极板是燃料电池的核心零部件，是在燃料电池堆中用于收集电流、分隔氢气和空气并引导氢气和空气在电池内气体扩散层表面流动的导电隔板，它主要起到机械支撑、物料分配、热量传递以及电子传导的作用。

极板的评价指标主要有腐蚀电流密度、接触电阻、体电阻率、透气率、抗弯强度等材料参数，以及部件平面度、厚度均匀性等零件参数。GB/T 20042.6—2011对上述参数提供了详细的测试标准。

目前商业化燃料电池极板材料主要分为石墨极板、复合极板和金属极板三大类。石墨极板拥有优异的化学稳定性与导电性，一般以机械铣削工艺在石墨板表面加工气体流道和冷却液流道，但是其具有孔隙率高导致氢气渗透、机械强度低导致不耐振动冲击、加工困难等技术缺点，同时，石墨极板难以减薄，导致燃料电池堆功率密度提升困难。对于石墨极板，重点关注的参数主要是透气率和抗弯强度。

复合极板分为结构复合极板和材料复合极板。结构复合极板是以金属薄板或其他高强度、高致密性导电板作为分隔板，以膨胀石墨、金属网等材料作为流场板复合而成，具有致密性高、重量轻、耐腐蚀的优点。材料复合极板是基于石墨和聚合物（如聚丙烯、聚苯硫醚、酚醛树脂、乙烯基酯树脂、环氧树脂等）开发的新型极板，其重量更轻，力学性能更好，更易加工，但聚合物的加入牺牲了部分导电性。

金属极板机械强度高、体积小、导电性好、易加工，在制造过程中，薄金属冲压成型技术和表面处理技术是难度最高的两个工艺。采用金属材料制造极板，没有氢气渗透和不耐振动冲击等问题，而且可以采用成熟的金属薄板成型及焊接工艺。对于金属极板，重点关注的参数主要是腐蚀电流密度和接触电阻。

极板要求高电导率、高热导率和高强度，保证全生命周期燃料电池的安全性。极板表面的金属粉尘、油含量、达因值等关键指标要有效控制。对与金属极板而言,其表面处理可以有效改善材料的耐腐蚀性和寿命,减少燃料电池在工作中的酸和水汽腐蚀问题。

此外,部件平面度和厚度均匀性是无论石墨极板还是金属极板都必须重视的参数。由于质子交换膜燃料电池堆是由质子交换膜组件和极板交替堆叠,两侧由端板压紧组装而成,串联的质子交换膜组件和极板所受压力是相同的,而质子交换膜的材料强度均低于金属极板和石墨极板,若极板的平面度和厚度均匀性较差,则极板翘曲厉害或者厚度较大的位置,其压紧区域上的压力就有可能超出质子交换膜的可承受范围,导致质子交换膜损伤破洞,进而发生燃料电池堆热失控的危险;极板翘曲较小或者厚度较小的位置,其压紧区域上就可能因压力降低而使极板和气体扩散层之间接触电阻上升,降低该处的反应效率。为保证质子交换膜燃料电池堆的输出性能和安全性能,车用电池堆极板的平面度不大于 $10\mu m$,相对厚度不大于 $0.1\mu m$。

4.2.5 端板

端板是将多个质子交换膜燃料电池堆叠串联起来后,在两侧为电池堆提供装配夹紧力的部件,其上需要布置氢气、空气和冷却液的进出管道接口,以及拉杆和螺杆等提供装配夹紧力的部件连接处。

质子交换膜燃料电池堆端板需要一定的强度和良好的绝缘性。车用质子交换膜燃料电池堆体积大,较大的装配压力和紧凑的空间布局决定了其端板需要有较高的机械强度,而且车用环境还要求其具有较高的振动冲击耐受能力。串联结构的燃料电池堆芯两侧的电流引出结构称为集流板,两端集流板之间的电压即为燃料电池堆的输出电压,为避免燃料电池堆端板引发堆芯两侧集流板短路,集流板和端板之间一般设置有绝缘结构。

端板作为燃料电池堆装紧压力的主要施加部件,同时布置有电池堆中的气体和冷却液进出管道，而且为了进一步提高系统紧凑性，可能会把循环泵、喷射器等零件集成在内，设计时需要保持紧凑的体积和降低重量。为保证在整车使用寿命内的燃料电池堆安全性，车用质子交换膜燃料电池堆制造商必须对端板设计进行机械强度、冷热循环、振动冲击、疲劳寿命等的分析校核。

质子交换膜燃料电池堆端板一般使用金属、环氧树脂、玻璃纤维板和聚酯纤维板，端板上设置有集流板负责将电流导出电池，还设置了弹簧和弹簧盖板，通过弹簧和弹簧盖板，将燃料电池堆的紧固力控制在一定范围内。多级燃料电池堆通常使用螺栓或钢带等封装件进行封装，封装力通过端板传递到内部，使内部各组件受压紧密贴合，紧密贴合的接触面产生摩擦力从而限制内部组件的相对运动，同时降低了各组件间的接触电阻。

在封装力作用下，组件之间的接触压力分布不均匀是难以避免的，由于压力不均匀而导致的密封件部分区域压力过低会使气体泄漏的可能性增加，在 MEA 部分，过低的接触压力还会导致接触电阻上升，燃料电池堆发电效率下降；而部分区域的过高压力也会造成接触电阻上升、物质传输受阻和局部温度升高等不利影响，甚至可能导致组件发生局部破坏。因此，大部分燃料电池端板使用铝合金、不锈钢、钛合金等高强度金属或工程塑料等材料，通过绝缘板将端板及外部辅件同内部集流板及单电池隔绝开来，以防止短路。部分燃料电池堆端板外侧还安装有弹性部件（如弹簧或碟簧等）以及固定弹性部件的盖板，以控制封装力波动范围，并使封装力分配均匀。端板要经过严格的实验设计和优化验证，保证燃料电池堆内部压力分布均匀性在合理范围内。

另外，端板还需进行强度测试，保证振动冲击条件下的可靠性和安全性。燃料电池堆在工作时温度较高，需要保证端板在较高温度下的稳定性并控制形变。

4.3 质子交换膜燃料电池堆设计及安全影响因素

质子交换膜燃料电池堆的安全性能从设计开始就必须予以充分考虑。GB/T

20042.2—2008 对质子交换膜燃料电池堆提出了通用性的安全要求。此外，最新的设计指导内容可参考 IEC 62282-2-100-2020。

由于燃料电池堆中有易燃和加压的氢气，以及经过压缩参与化学反应的氧气，输出电能的功率规格达到几十至上百千瓦，且其结构包含多种零件，燃料电池制造商可按照 IEC 60812：2018 和 SAE J 1739：2009 所述失效模式影响分析或 IEC 61025：2006 所述故障树分析，对燃料电池堆进行详细的风险分析。

首先，需识别燃料电池堆预期寿命内所有合理可预见的危险情况，常见危险见表 4-1。所有危险都要同时评估其发生的可能性和可预见的影响严重性。

表 4-1 燃料电池堆预期寿命内的常见危险

序号	危险类型	具体危险情况
1	机械危险	尖角、锐边和粗糙表面等伤害危险
		倾翻或碰撞等危险
		重力或弹力等作用下的零件位移
		零件在受控或非受控运动中的动能
		机械强度不足
		压力流体的喷射或真空
2	电气危险	人与带电部件接触的直接触电
		人与故障条件下会带电部件接触的间接触电
		人接近高电压的带电部件
		静电现象
		电磁现象
		短路和过载造成的热效应和化学效应
		熔融物
		使用不相容物质而发生电解腐蚀
		不合适的连接方式
		电能储存

（续）

序号	危险类型	具体危险情况
3	高温危险	人与高温表面接触
		高温流体释放
		热疲劳
		温度过高的不安全运行
4	材料物质危险	由于接触或吸入有害流体、气体、烟雾和粉尘而造成的危害
		可燃流体泄漏导致的燃烧和爆炸危险
		内部可燃混合物导致的燃烧和爆炸危险
		可爆炸性液体、气体、固体导致的火灾
		由于材料腐蚀或者结垢累积造成的危险
		导致污染的物质
		窒息性物质
		自燃性物质
5	故障危险	由故障或者软件控制逻辑不适宜而造成的不安全运行
		由于控制电路或保护、安全电路故障引起的不安全运行
		因停电造成的不安全运行
6	错误人为干预造成的危险	不正确操作所造成的危险
		由制造、装配、安装失误造成的危险
		维护失误导致的危险
		故意破坏行为导致的危险
7	环境影响	在极热、极寒环境下的不安全运行
		雨、洪水
		风
		地震
		外部火灾
		烟雾
		积雪、结冰
		害虫

（续）

序号	危险类型	具体危险情况
8	污染物	大气污染 水污染 泥土污染

针对上述各项危险，燃料电池制造商应按照如下顺序为燃料电池设计相应的安全措施：

1）在燃料电池内部化学能、电能、机械能、热能等能量尚未释放时，首先消除燃料电池堆以外的隐患，以避免电池堆能量释放触发燃料电池堆外部的隐患。

2）采用防爆片、泄压阀、隔热构件等被动方式控制燃料电池内部化学能、电能、机械能、热能等能量的释放，并确保能量释放时不危及周围环境。

3）采用电控装置等主动方式控制燃料电池内部化学能、电能、机械能、热能等能量的释放，所用主动控制装置故障引发的危险应逐一加以考虑。

4）将未能消除的危险告知燃料电池系统集成商，或提供与危险相关的安全标记。

4.3.1 散热设计

燃料电池堆中的热量有以下四个来源：由于电池的不可逆性而产生的化学反应热；由于欧姆极化而产生的焦耳热；加湿气体带入的热量；吸收环境辐射热量。燃料电池堆在大功率放电时，其内部会产生大量的热，根据实际输出功率变化，车用质子交换膜燃料电池堆的发热功率约占燃料总化学能的30%~50%，也达到几十至上百千瓦，上述发热会导致燃料电池堆温度升高，易引起安全问题。因此，为确保质子交换膜燃料电池堆的安全，应该提供燃料电池堆温度的监控措施，监控点的位置由电池堆制造商规定并向燃料电池系统制造商加以说明，在用其他方法对燃料电池堆提供安全运行保障的情况下，这些方法必须具有和对温度监控等效的安全保障能力。

有三种方式可以从电池堆带走热量，分别是由电池排出的尾气、燃料电池堆的辐射，以及循环冷却水。不同于由废气排放带走大量热量的传统内燃式发动机，质子交换膜燃料电池堆由于工作温度相对较低，废气带走热量相对较少，一般通过排气的散热和通过辐射散热只占总散热量的5%左右，因此，需要使用热容量较高的液体冷却剂进行散热，以稳定燃料电池堆温度。燃料电池堆大部分热量通过加入冷却剂（乙二醇、去离子水等）来带走，同时要求双极板也必须是热的良导体，以确保电池运行时温度分布均匀并及时排除废热。堆叠组装结构的质子交换膜燃料电池，一般采用一层冷却流场承担一到两片燃料电池的配置，既有布置在由两片极板组成的双极板中间，也有布置在两个电池单元之间，如图4-3所示。

图4-3　质子交换膜燃料电池堆散热结构设计示意图

燃料电池堆在结构设计时，要模拟分析电池内部发热量分布、热扩散路径和传递速度，以验证优化冷却水流量和温度，保证燃料电池堆产生的热量能够及时高效地排出燃料电池堆，从而使燃料电池堆的温度控制在合理的范围内。燃料电池的整个活性面积均在输出电能的同时散发热量，若冷却液流场设计不佳导致活性面积内温度分布不均匀，则局部高温会缩短质子交换膜的使用寿命和降低燃料电池堆的安全性能。所以，良好的冷却液流场设计，首先要避免活性面积内部温度差异过大，避免局部热点形成，避免活性面积边沿和角落出现冷却液流量不足。

若冷却液中夹杂有较多气泡，气泡进入燃料电池内部流场，则有可能由于密度差异，被冷却液挤到一些倒扣形空腔而无法排出，或者由于张力差异被困于活性面积对应的冷却液流场区域中间。由于气泡热容量远低于冷却液，且无法移动带走热量，这些冷却液流场中无法移动的气泡会导致局部热点损伤质子交换膜。因此，冷却液流场的设计应避免冷却液带入气泡，避免困住气泡使其无法移动，并促进冷却液流场排出气泡。

由于燃料电池堆可由数百片燃料电池串联堆叠而成，冷却液通过燃料电池堆的公共管道，平行进入各个燃料电池，平行排出，汇集到燃料电池堆的另一个公共管道，再排出到燃料电池堆外部。燃料电池制造商应考虑冷却液加注、循环和排出的方式，设计冷却液排出方式与排出结构，减少电池堆内部冷却液流场的气泡残留。

所有安装有输送易燃气体的塑料或橡胶管件的腔室，都应防止可能出现的过热。如有这种过热的可能性时，应告知燃料电池系统集成商这一部位允许的最高温度，以便他们提供一个控制系统，在腔室温度比输送燃料管件所用材料的最低热变形温度下限尚低10℃时，即切断燃料输入。

在考虑冷却液散热能力的同时，由于冷却液与质子交换膜燃料电池堆各片极板均有较大的接触面积，而且车用质子交换膜燃料电池输出电压达到上百伏，冷却液还必须具有足够的绝缘能力，减少燃料电池堆通过冷却液的漏电损耗，并减少电池堆正极侧的极板表面电化学腐蚀。

4.3.2 密封设计

密封的主要作用是保障燃料电池堆在运行过程中的操作压力下，各腔室流体的隔绝以及外部密封。高温高压的氢气和空气泄漏会导致高温、机械和燃烧爆炸等危险。冷却液泄漏则会导致冷却液减少，从而引发燃料电池堆散热不足、温度过高的不安全运行。良好的密封性能是质子交换膜燃料电池堆安全运行的保障之一。一台燃料电池堆通常有几十个甚至数百个密封面或密封部位，密封面又分为一次性密封面和活动性密封面。

在现阶段，基于多片燃料电池堆叠组装而成的燃料电池堆结构，极板、膜电极组件之间相对固定，其密封为低压静密封。低压静密封主要有直接接触密封、垫密封和胶密封三类。若使用直接接触密封，由于氢气分子极小，表面粗糙度较大的金属极板和石墨极板无法避免氢气泄漏，质子交换膜燃料电池堆一般采用垫密封或胶密封。此外，金属极板之间可以通过连续缝焊实现类似于胶密封的效果，可用于冷却液流场边沿密封，避免冷却液向外泄漏。胶密封无法拆解，一般用于无需拆解的零件，例如单独封装的燃料电池单元或双极板。垫密封便于拆解，一般用于有拆装检修需求的结构，例如堆叠结构燃料电池堆的非胶粘组装。

质子交换膜燃料电池堆对于密封有着很高的要求，不允许有任何泄漏。良好的质子交换膜燃料电池密封设计，首要功能是保证流体的密封，但从燃料电池堆整体运行可靠和安全性能出发，还需要注意以下几点：

1）压强和压力分布均匀性，即密封材料的压力在整体上分布均匀，不会有压力太高或者压力太低的局部区域。

2）受压变形后的横向稳定性，即密封材料纵向受压的时候，既不会有横向平移、剪切和侧翻等趋势，也对外部横向作用力具有抵抗能力。

3）由于弹性材料在燃料电池堆预期使用寿命内受压发生蠕变，应避免由此导致的燃料电池堆整体压缩量变化，因此，宜采用压缩量控制而非装配压力控制。

为达到较好的密封效果，燃料电池制造商应从材料选型、结构设计、制造工艺等方面保证密封设计能够承受电池堆预期使用寿命中的温度、压力、湿度、腐蚀、积垢、老化、蠕变、启停、运行、工况变化、振动、冲击等作用。应考察密封垫、密封胶、底涂料等材料与极板材料、质子交换膜组件材料及冷却液的相容性。分析计算密封结构在工况循环、冷热循环、振动冲击下的密封性能变化，保证预期使用寿命内的密封可靠性和电池堆安全性。

对密封结构的基本要求是密封性能好、安全可靠、寿命长，并且要力求紧凑、系统简单、制造维修方便、成本低廉。由于大多数密封件是易损件，还应该保证互换性，实现标准化、系列化。

密封材料应该满足密封功能的要求，由于被密封的介质不同，以及设备的工作条件不同，要求密封材料具有不同的适用性。对密封材料一般的要求如下：

① 材料的致密性好，不易泄漏介质。

② 有适当的机械强度和硬度。

③ 压缩性和回弹性好，永久变形小。

④ 高温下不软化、不分解，低温下不硬化、不脆裂。

⑤ 抗腐蚀性能好，在酸、碱、油等介质中能长期工作，其体积和硬度变化小，且不黏附在密封面上。

⑥ 摩擦系数小，耐磨性能好，具有与密封面结合的柔软性。

⑦ 耐老化性能好，经久耐用。

⑧ 加工制造方便，价格便宜，取材容易。

虽然几乎没有材料可以完全满足上述要求，但是具有优异密封性能的材料一般能够满足上述大部分要求。另外，相比极板所用的金属和石墨材料，密封垫和密封胶所用弹性材料的刚度更低，在堆叠结构中受压变形较大，对燃料电池堆装配精度和结构稳定性影响较大。同时，由于密封胶线在燃料电池堆组装应力及较高温度下变形较大，压缩永久形变会变差，在燃料电池运行环境下会缓慢降解，为了在燃料电池堆全生命周期内保证密封的可靠性，需要考虑密封圈的耐温、耐压、耐自由基和耐攻击等特性。

极板与膜电极之间的活化区域密封一般采用硅橡胶、氟硅橡胶、三元乙丙橡胶（EPDM）、聚异戊二丁烯（PIB）、氯丁橡胶和丁腈橡胶等高弹体材料。最常用的是采用密封圈密封，通常在双极板上开设一定形状的密封槽并放置密封圈，在双极板两侧施加一定的封装力使密封圈变形，实现可靠的接触密封。还有预制成型（密封垫片）密封方式，是指在双极板上安装橡胶密封垫片并与膜电极组边框进行挤压密封。

对于燃料电池单体的串联，因为氢气反应纯度要求极高，所以也需要密封设计：一是氢气进气口密封，主要是各单体之间有一定孔隙，因此在各单体氢气入口与出口处都要加密封圈；二是单体氢气通道外侧，因为氢气通道与膜电极之间也存在孔隙，故此处也应有密封措施。在氢气进气口与通道线接处装有铜片，除了为单体提供氢气外，主要还为通道密封圈提供支撑点，防止单体间相互挤压而堵塞通气口，而且还能达到很好的密封效果。

活化区域密封件的主要功能是防止气体、冷却水从极板和膜电极的边缘泄漏出去，造成易燃气体泄漏，因此需要在极板和膜电极上设计密封结构，同时需要设计密封胶线。减少密封圈的压缩率通常有助于延长密封圈寿命。为了增加密封圈在低压缩率条件下的密封压力，密封圈应尽可能减少横向移动的趋势。

除此以外，还有单体电池内部 MEA 各层间的密封、接头密封、封装外壳的防水防尘等。由于 MEA 需要安装边框，可直接采用橡胶硫化边框，同时实现边框与密封两种功能，有效提高生产效率，降低成本。由于密封边框与 MEA 是一体成型的，省去了装配粘合塑料边框的步骤；同时，边框通过精确的硫化成型，可以与两侧的双极板配合，形成密封。

4.3.3 绝缘设计

质子交换膜燃料电池堆在组装完成后，当燃料电池堆在向外输出电能时，一旦有导电物体接触极板，就会使导电物体带电，导致高压电的泄漏，甚至引起燃料电池堆的短路，从而导致高温、人员触电、电火花触发爆炸起火等危险；同时还会降低燃料电池堆实际输出功率，产生副反应和副产物，影响电池堆的可靠性和安全性。

车用质子交换膜燃料电池堆芯高压电泄漏主要有三类途径：

1）固体结构连接。例如，集流板与端板之间的绝缘结构绝缘性不足，导致电压经过端板传递到燃料电池堆外部，需要从绝缘结构的材质、界面、尺寸、间距等方面改进其绝缘性。端板表面绝缘层由于机械损伤或电化学腐蚀而破损，需要避免端板的保护性表面与腐蚀性物质、不相容材料、水汽、污水等的接触，与端板连接的燃料电池堆外壳应作为最低电位，并对其进行合适的电化学保护；金属螺杆、金属拉杆或者金属外壳等部件与金属端板的直接接触机械连接，同时也是电气连接，受端板影响而同时漏电，需要增加绝缘套、绝缘垫片等防漏电措施；金属螺杆、金属拉杆或者金属外壳等部件与燃料电池堆芯之间若距离太近，有可能在振动冲击或热变形等影响下与燃料电池堆芯发生接触短路，损伤燃料电池堆芯，产生电火花、电磁干扰等，需要在堆芯和金属螺杆、金属拉杆或者金属外壳等部件之间保持足够的电气间距，建议使用绝缘垫片隔离或者极板外围包胶、包塑等方式进行绝缘保护。

2）含水流体连接。例如，阳极和阴极的排气含水或者加湿进气含水，在燃料电池堆芯和端板的进排气口之间积聚和连通，由于内含杂质而带有较高导电性，导致端板带电，需要对燃料电池堆芯或端板的进排气口内壁做包胶、包塑、镀绝缘膜等绝缘处理，在端板的气体进出口内侧设计绝缘防水密封结构，避免端板金属材料与阳极和阴极的进排气接触，或者通过其他方式减少公共管道内的积水。若燃料电池堆冷却液冷绝缘性能降低，电导率提升，堆芯电压则有可能通过冷却液传递到端板，同样导致端板带电。因此，建议对冷却液进出口内侧设计绝缘防水密封结构，定期检测冷却液的电导率等。

3）其他影响因素。例如，燃料电池堆外壳内部空腔残余水汽导致绝缘性能降低，建议通过内腔通风干燥来解决；灰尘、积水、污渍等沉积在堆芯表面，形成了导通路径而导致局部短路，建议通过燃料电池堆芯外壳防护，或者极板边沿进行包胶、包塑、镀绝缘膜等绝缘处理。

可见，燃料电池堆带电部分和不带电部分之间的所有绝缘结构设计，都应符合电气绝缘结构有关标准的相应要求。不带电金属零部件应与公共接地点相连；用于危险区域内的塑料或橡胶材料应该是能导电的，除非设计上能做到避免静电电荷累积；燃料电池堆封装材料必须具有较强绝缘性和高可靠性，保证在燃料电池堆在生命周期内不会脱落或失效；封装外壳应同电平台连接，确保不会引起静电而发生危险；封装外形尺寸应设计与燃料电池堆和端板空间匹配，要对各个方向尺寸开展公差分析，同时保证封装材料在装配时不被损坏导致极板或膜电极的裸露。

4.3.4 其他零部件设计

质子交换膜燃料电池堆所有零部件还应满足以下要求：

1）适合于预期使用时的温度、压力、流速、电压及电流范围。

2）在预期使用中能耐受燃料电池堆所处环境的各种作用、各种运行过程和其他条件的不良影响。

3）处于爆炸性环境中的零部件应满足 GB/T 5169.5—2008 规定的 FV0、FV1 或 FV2 的阻燃材料制造标准。

4）燃料电池模块采用的材料的质量和厚度，配件、终端及各部件集成方法，应在合理寿命时间内及正常安装和适用条件下，其结构和运行特性不会发生明显的改变。燃料电池模块所有零部件应能够适应终端用户产品正常使用可能的机械、化学和热力学等条件。

4.4 质子交换膜燃料电池堆制造、运输及安全影响因素

4.4.1 制造环境

燃料电池堆生产过程中的温度、湿度环境条件必须确定并得到保证。一般不允许出现超出温度、湿度极限值的情况，为此应制定适当的应对方案。燃料电池膜电极（MEA）对水分非常敏感，典型的情况是，在25℃时，膜电极车间的相对湿度应控制在40%±5%，从而避免质子交换膜卷曲，影响工艺尺寸精度，导致错位、褶皱等问题。若采用手工装配电池堆，操作员应穿着防尘服，戴防尘帽、护目镜、口罩和防尘手套等；禁止不戴口罩直接靠近膜电极组件，以避免呼出水汽或皮肤汗液蒸发影响质子交换膜平整性。

质子交换膜燃料电池制造商应以无尘车间作为制造环境，控制燃料电池堆生产过程的粉尘度，需要防止外来的颗粒物渗透到任何生产区域，粉尘度应控制在10万级以下；MEA制备、金属板涂层部分关键工序的粉尘度应在1万级以下。生产系统需要防止金属磨损，如果不能防止金属磨损，应采取适当措施保证这些磨损产生的颗粒不进入生产过程。应对定期检测到的粒子进行常规分析，以确定粒子的数量、大小和组成，特别是在导电性（如金属粒子）方面；如果颗粒数量、大小、成分超出规格要求，应立即采取纠正措施。质子交换膜组件中，碳纸碳布等材质的气体扩散层存在脱落的碳纤维或导电碳粉，需要定期监测工作环境的导电粉尘数量，以免导电粉尘污染其他绝缘材料零件表面，降低电池堆绝缘性能。通过上述措施，避免导电性颗粒刺穿质子交换膜，导致膜电极组件泄漏或渗透增大；避免有机分子污染燃料电池多孔电极催化剂层，影响燃料电池堆的输出性能、使用寿命和安全性能。

质子交换膜及质子交换膜组件应密封包装，储存于恒温恒湿储存柜中，温

湿度要求按供应商要求。其他燃料电池堆零件储存于阴凉干燥、无灰尘、无腐蚀性挥发物的环境。生产制造用设备、工装，质量检测用仪器、传感器等应定期保养、检测、校准，以确保质子交换膜燃料电池堆的生产条件。

4.4.2 制造工艺

燃料电池堆关键材料、部件制造应满足前文 4.1 节和 4.2 节所述的相关要求。通过组装 MEA、双极板和相应的密封件构成单片燃料电池，多个单片燃料电池堆积组装成燃料电池堆。根据 GB/T 20042.5—2009《质子交换膜燃料电池 第5部分：膜电极测试方法》，燃料电池堆单体电池的组装应根据定位孔位置，按照顺序将端板、集流板、流场板及 MEA 进行组装；可以参考图 4-4 所示顺序，逐一使用紧固螺栓、螺母以及渐进型扭力扳手对电池进行夹紧处理。

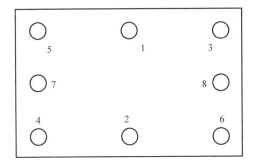

图 4-4　单体电池的紧固螺栓位置及紧固顺序

目前燃料电池堆主要采用压装法进行组装，组装过程在压装台上进行。压装工艺的具体步骤如下：

1）将双极板、膜电极、双极板按顺序依次叠加在已安装好绝缘板、集流板的下端板上，组装出端部单片燃料电池。

2）重复以上步骤，利用组装辅助定位装置依次堆叠组装其他单片燃料电池。

3）组装完全部单片燃料电池后，依次堆叠集流板、绝缘板、端板等组件，并使用压装机施加设计封装力,将燃料电池堆压紧。

4)安装好气体通路,对燃料电池堆进行气密性检测。

5)检测通过后,在保压情况下安装螺杆,并使用扭力扳手对螺母施加规定的预紧力,撤除压装台压力,完成燃料电池堆组装。

所有零件应符合技术说明书的要求,并有唯一识别码,以追溯来源,经质检合格后,入库待用。

燃料电池堆的组装力应满足如下条件:①气体扩散层与双极板之间的接触电阻最小;②扩散层厚度方向的压缩率小于20%;③燃料电池堆组装必须确保在电池工作期间维持足够大的夹持力,且应保证压缩力分布的均匀性,使得气体扩散层、垫圈和双极板上凸起或凹陷的厚度完全匹配。

4.4.3 运输

(1)包装安全要求

运输包装是以运输储存为主要目的的包装,应具有保障货物运输安全、便于装卸储运、加速交接点验等功能。运输包装应符合科学、牢固、经济、美观的要求。

质子交换膜燃料电池堆的包装应防水、防潮,必要时应在包装袋中加干燥剂除湿。包装要考虑不同运输环境条件(公路运输、铁路运输、水路运输等情况)下对燃料电池堆的保护,防止搬移过程中的挤压和损伤,导致安全失效。根据不同运输方式,还应符合相应运输方式的有关规定。

铭牌应粘贴或固定在模块上,考虑化学腐蚀、热和坏境影响,铭牌应持久而易见。铭牌应包含:制造商名称或注册商标、额定功率、模块ID、日期编码或可追溯到生产日期的序列号。每台燃料电池堆上的铭牌及其连接件的标志应满足GB/T 20042.2—2008《质子交换膜燃料电池 电池堆通用技术条件》中的规定。

应根据情况使用振动危险、高温、易燃气体或液体、腐蚀性介质、有毒介质、高压电等警示标签。

燃料电池堆应以最小单元隔离固定，预留安全距离，避免发生电气安全问题。

重量在140kg以下的包装件应便于人力作业；重量在140~1500kg的箱装货物应便于叉车作业，应在包装上标出货物重心位置；重量在1500kg以上的箱装货物，应便于吊车作业，应标出货物重心位置和起吊位置。

可回收利用的包装容器和包装组分的材料应使用识别标志，其标识应符合GB/T 18455—2010的规定。

（2）运输与储存安全要求

燃料电池堆必须牢靠固定在货物运输装置的内部；避免燃料电池堆受到日晒、雨淋、潮湿、剧烈机械冲击；产品要按指定方向放置，避免燃料电池堆受压；在装卸过程中，产品应轻放，严防摔掷、翻滚。

（3）警示标识

燃料电池堆的警示标识应依照国家标准规定。在包装过程中，高电压（>DC60V或>AC30V）需要在燃料电池堆上贴示"高压电警示"标签。燃料电池堆要进行极性标识，正极使用红色，负极使用黑色。

4.5 质子交换膜燃料电池堆测评技术

4.5.1 燃料电池堆性能测评

燃料电池堆在确保运行安全的前提下可进行性能测试，主要进行燃料电池堆正常运行试验、持续和短时电功率试验。按照GB/T 20042.2—2008《质子交换膜燃料电池 电池堆通用技术条件》中5.3节的要求，进行燃料电池堆正常运行试验。

燃料电池堆在完成泄漏测试、电绝缘测试和耐高压测试后,确保没有泄漏、绝缘和耐高压问题才可以进行燃料电池堆性能测试。应采用相应的工装将燃料电池堆放置在燃料电池性能评价测试台上,避免燃料电池堆碰撞及掉落对工作人员或燃料电池堆模块造成损伤。测试台应配有防护舱,在燃料电池堆气密性及性能测试过程中,应保持舱门关闭,避免因零部件弹出及误触高压电导致人员伤害。

连接供气管路、冷却液管路前,应清洗管路,以免将污染物带入燃料电池堆内部堵塞流道、损伤MEA;应保证紧固件有效,避免接头处泄漏;保证流体进出管路通畅,以免因堵塞造成压差过高损伤燃料电池堆;连接负载线路、巡检线路,应保证接触良好,避免因接触电阻过大导致局部过热造成伤害。

连接工作完成后,关闭测试台舱门,先进行燃料电池堆与测试台的保压测试,防止因管路或接头泄漏而造成气体泄漏。保压测试通过后,开始给燃料电池堆加热,待燃料电池堆温度达到指定温度后开始给燃料电池堆通气和加载。加载电流根据电池堆的设计有所区别,一般加载至额定工作电流,同时检测燃料电池堆电压情况,单体电压最低不能低于0.3V,避免燃料电池堆中单体电压过低引起反极,将质子交换膜烧穿导致氢空混合,出现安全隐患。当单体电压低于0.3V时,应及时减小电流输出,提升燃料电池单体最低电压,如果减小电流后单体电压仍然低于0.3V,应立即停止测试,寻找原因。若燃料电池堆运行正常,待达到热稳定后,测量下述参数并记录结果,确认测试结果是否符合燃料电池堆相应规定值:

① 满载电流条件下燃料电池堆的终端电压。

② 燃料电池堆的运行温度、最高表面温度及环境温度。

③ 氢气压力,其测得值应不超出规定值的±5%或相应规定值±1kPa(两者中取较高值)。

④ 氢气耗用速率，其测得值应不超出规定值的±5%。

⑤ 氧气消耗速率，其测得值应不超出规定值的±5%。

⑥ 空气压力，其测得值应不超出规定值的±5%或相应规定值±1kPa（两者中取较高值）。

⑦ 冷却剂的入口和出口温度、压力、流量。

按照GB/T 29838—2013《燃料电池 模块》中5.7节的规定，进行燃料电池堆持续和短时电功率试验，应在额定电流下待燃料电池堆稳定后将电流上升到规定的短时电功率输出并维持规定的时间。系统不得有破裂、裂缝、永久变形或其他物理损坏。所有测试结果均应符合制造商的规定。

4.5.2 电性能测试中的氢、电安全测评

燃料电池堆在出厂前需要进行相关的氢、电安全测试，在保证性能的同时确保安全，同时需要对燃料电池堆的外观进行检测，保证燃料电池堆外观没有明显缺损。

（1）燃料电池性能测试中的氢气泄漏监测

根据标准GB/T 29838—2013，根据设计的不同，燃料电池堆性能测试时应检测氢气外漏率，以便于燃料电池系统集成商确定通风系统的最小通风能力、吹扫和通风流量要求。若燃料电池模块不含渗漏保护装置，产品说明书应说明，系统集成商必须提供防护设备或操作程序。

（2）泄漏测试

为确保电池堆的气密性，需要对燃料电池堆进行泄漏测试。将电池堆的氢气、空气和冷却水端口与泄漏测试机的三个端口相连接，打开测漏机开始进行泄漏测试，测试电池堆的外部泄漏量（总外漏、空气腔外漏、燃料腔外漏、冷却腔外漏）。电池堆中每片单体电池外部泄漏量不得超过相应的规定值，该规定值由测量使用气体的类型、压力以及MEA的面积来确定。按照GB/T 20042.2—

2008《质子交换膜燃料电池 电池堆通用技术条件》中5.2节的规定进行气体泄漏试验，试验结果应不超过给用户提供的技术文件中对于气体泄漏速率的规定。

对于氢泄漏测试，燃料电池堆应先在满载电流下运行，直至最高温度下达到热稳定。达到这些条件后，停止运行，吹扫燃料电池堆并关闭气体出口；燃料电池堆的温度降至规定的最低运行温度甚至更低。然后逐渐充入阳极气体，也可以是充入氦气或氮气，直至压力达到最高工作压力，并稳定1min。在泄漏试验过程中入口压力应稳定不变，用位于燃料电池堆进气口、泄压装置上游、精度不低于2%的流量计测量漏气速率。如果用氦气或氮气作为试验气体，漏气速率应该进行校正，校正公式如下：

$$R = q_{\text{fuel}}/q_{\text{test}} \qquad (4-1)$$

式中 q_{fuel}——氢气气体泄漏速率（标准状态），单位为 mL/s 或 mL/min；

q_{test}——试验气体泄漏速率（标准状态），单位为 mL/s 或 mL/min；

R——修正系数，见式（4-2）或式（4-3）。

$$R = (d_{\text{test}}/d_{\text{fuel}})^{1/2} \qquad (4-2)$$

式中 d_{test}——试验气体的相对密度；

d_{fuel}——氢气气体的相对密度。

或者

$$R = \mu_{\text{test}}/\mu_{\text{fuel}} \qquad (4-3)$$

式中 μ_{test}——试验气体的运动黏度；

μ_{fuel}——氢气气体的运动黏度。

应采用式（4-2）和式（4-3）计算修正系数 R，取较高值，并写入试验报告。

记录包括气体通过泄压阀的流速率在内的气体泄漏速率，并写入试验报告。如果因为压力滞后现象或压力设定而在试验中没有采用泄压装置，总泄漏值应该是测得值与泄压装置在最大氢气供应压力下的单独测得的泄漏量之和。

考虑参考条件和气体种类的修正，若用氢气气体或氦气作为试验气体，则将测得的气体泄漏率乘以 1.5；若用氮气作为试验气体，则将测得的气体泄漏率乘以 2。这一最终计算的结果，应不超过给用户提供的技术文件中的气体泄漏速率的规定，并应向燃料电池系统集成制造商说明，要求将此信息提供给产品最终使用者，以便计算必要通风量。

（3）窜气测试

按照 GB/T 20042.2—2008《质子交换膜燃料电池 电池堆通用技术条件》中 5.6 节的规定进行窜气试验，试验包括燃料腔向氧化剂腔窜气速度的测定，以及燃料腔和氧化剂腔向冷却剂腔的窜气速度的测定。所测得的窜气泄漏速度不大于制造商所提供的最大窜气速率（包括燃料腔对氧化剂腔和燃料腔对冷却剂腔）的规定值可判定为符合要求。

燃料腔向氧化剂腔窜气速度的测定试验中，除燃料腔和氧化剂腔的各一个进气接口外，其余进出接口全部封住。将氧化剂腔的进气接口接上精度不低于 2% 的流量计（如皂泡流量计），由燃料腔的进气接口通入氮气，调整压力至允许最大工作压力差，稳定 1min 后，读出在时间 t_1 内流量计读数 Q_1。相应窜气速度 X_1 按下式求得：

$$X_1 = 2RQ_1/t_1 \tag{4-4}$$

式中 X_1——燃料腔向氧化剂腔的窜气速度（标准状态），单位为 mL/min；

R——按式（4-2）和式（4-3）计算得出的修正系数中的较大者；

Q_1——在时间 t_1 内测得的燃料腔向氧化剂腔的气体窜漏量（标准状态），单位为 mL；

t_1——测量时间，单位为 min。

燃料腔和氧化剂腔向冷却剂腔的窜气速度的测定试验中，除燃料腔、氧化剂腔和冷却剂腔的各一个进气接口外，其余进出接口全部封住。将冷却剂腔进口接上精度不低于2%的流量计（如皂泡流量计），由燃料腔和氧化剂腔的进气接口同时通入氮气，调整气压至燃料腔的最大运行压力，并稳定压力1min，读出在时间t_2内流量计读数Q_2，相应窜气速度可按式（4-5）求得。

$$X_2 = 2RQ_2/t_2 \tag{4-5}$$

式中　X_2——燃料腔和氧化剂腔向冷却剂腔的窜气速度（标准状态），单位为mL/min；

　　　R——按式（4-2）和式（4-3）计算得出的修正系数中的较大者；

　　　Q_2——在时间t_2内测得的燃料腔和氧化剂腔向冷却剂腔的气体窜漏量（标准状态），单位为mL；

　　　t_2——测量时间，单位为min。

需要注意的是，对于无冷却剂腔或冷却剂腔为开放型的燃料电池堆，燃料腔和氧化剂腔对冷却剂腔窜气的测定不必进行。

（4）易燃气体浓度试验

本项试验仅适用于带有集中安全通风系统和吹扫程序的封闭系统，其运行温度低于易燃气体的自燃温度。按照GB/T 20042.2—2008《质子交换膜燃料电池　电池堆通用技术条件》中5.13节的规定进行试验，安全通风和吹扫过程与燃料电池堆的具体特征和要求密切相关，此试验应测定正常运行时燃料电池堆外壳内易燃气体的最高浓度。

试验应在安全正常条件下进行，试验区域内应没有可感知的气流。燃料电池堆在正常温度范围内运行，直至达到热稳定。然后在距吹扫口和气体排放出口一定距离的位置测量，以保证测得的易燃气体浓度是外壳内的浓度。此试验应连续进行，两个测量读数间的时间间隔应不少于30min，直到连续两个测得值的增量不超过连续四个测得值平均值的5%。

测得的易燃气体浓度应低于可燃极限下限的25%。

（5）气密性测试

按照 GB/T 36288—2018《燃料电池电动汽车 燃料电池堆安全要求》中 6.2 节的规定，对燃料电池堆进行气密性试验。

测试方法为，非风冷燃料电池堆处于冷态，关闭燃料电池堆的氢气排气端口、空气排气端口和冷却液出口，同时向氢气流道、空气流道和冷却液流道加注氦氮混合气体，氦气浓度不低于10%，压力设定在正常工作压力（表压），压力稳定后关闭进气阀门，保压 20min。采用压降法测试燃料电池堆的气密性，结果不应低于初始压力的 85%。

（6）允许工作压力测试

按照 GB/T 20042.2—2008《质子交换膜燃料电池 电池堆通用技术条件》中 5.4 节的规定，对燃料电池堆进行允许工作压力试验。

燃料电池堆应进行氢气、空气和冷却剂腔许可工作压力试验。燃料电池堆应在最高或最低运行温度下进行试验，以要求更高者为准。在本试验中，如果燃料电池堆模块在正常运行时氢气和空气两侧压力相同，氢气和空气侧可相互连通测试。进行单腔测试时，关闭所有出口腔和非测试腔的进口，向测试腔进口通入氮气或空气，逐步加压到不低于 1.3 倍许可工作压力，并维持稳定不少于 1min。如果无法实现试验温度条件，则应在环境温度下加压到不低于 1.5 倍许可工作压力下进行试验。

试验中，燃料电池堆不应出现开裂、破碎、永久变形或其他物理损伤。

（7）压力差测试

按照 GB/T 20042.2—2008《质子交换膜燃料电池 电池堆通用技术条件》中 5.10 节的规定，对燃料电池堆进行压力差试验。

试验在燃料电池堆最高允许工作温度或最低允许工作温度（取两者中更为严格者）下进行。向阳极和阴极通道通入适当的气体，并逐渐加压，直至达到最大允许工作压差的 1.3 倍，保持压力稳定不少于 1min，测量泄漏速率。

试验中，燃料电池堆不应出现开裂、破碎、永久变形或其他物理损伤。在试验温度下，不应因为本项试验导致阴极和阳极之间的泄漏率增大。增压后的测得值与最初试验结果的偏差，不应超过仪器的精度要求。

（8）绝缘检测

按照 GB/T 36288—2018《燃料电池电动汽车 燃料电池堆安全要求》的规定，采用 CB 18384—2020 中的测量方法，测量燃料电池堆的绝缘电阻值。

绝缘电阻的测量应在出现露点的阶段，以适当的频次进行测量，以便得到绝缘电阻的最小值。测量时应闭合全部开关，关闭车辆绝缘电阻检测系统，以免影响测量值；应当将测量设备适当稳定的读数作为测量值。

燃料电池堆在加注冷却液且冷却液处于冷冻循环状态下，正负极的对地绝缘性要求分别不应低于 $100\Omega/V$。

（9）耐高压测试

按照 GB/T 18384.3—2015 中 7.3 节的试验方法，对燃料电池堆进行耐电压试验，试验中不应发生介质击穿或电弧现象。

（10）接地保护测试

按照 GB/T 36288—2018《燃料电池电动汽车 燃料电池堆安全要求》的规定，对燃料电池堆进行测试。

测量前，断开与燃料电池堆相连的其他供电电源和负载；测量时，测量仪表端子分别连接至接地端子和燃料电池堆外壳。当燃料电池堆输出电压高于 60V 时，燃料电池堆需有接地点，接地点与所有裸露的金属间电阻小于 0.1Ω。

（11）电气过载测试

按照 GB/T 20042.2—2008《质子交换膜燃料电池 电池堆通用技术条件》中 5.8 节的规定，对燃料电池堆进行电气过载试验。

燃料电池堆应在额定电流下稳定运行，然后将电流逐渐增加到规定值并在规定时间内保持不变。过载试验后，燃料电池堆不应出现开裂、破碎、永久变形或其他物理损伤。

（12）介电强度测试

按照 GB/T 20042.2—2008《质子交换膜燃料电池　电池堆通用技术条件》中 5.9 节的规定，对燃料电池堆进行介电强度试验。

如果燃料电池堆不能保持运行温度不变，介电强度试验应该在最高允许温度下进行，并应记录试验时的温度。对进行介电强度试验的燃料电池堆，应切断氢气供应，并用吹扫气体进行吹扫。在带电部分和不带电金属构件之间施加试验电压，采用直流电或 50Hz±2Hz 的正弦交流电，试验电压应在不少于 10s 的时间内稳定增加到规定值，然后至少维持 1min。

如果没有出现绝缘击穿，且泄漏电流不超过 1mA 乘以试验电压与开路电压之比，则认为燃料电池堆的介电强度符合要求。

4.5.3　机械振动、冲击测试中的安全测评

燃料电池堆在使用中经常受到运行中的短时、瞬态振动所引起的短持续时间脉冲和振荡力的作用，这些力的特性和被测样品的阻尼使样品的振动响应达不到稳态条件。当用正弦或随机振动进行了初始振动响应检查之后，时间历程试验将使样品经受由具有模拟动态应力特性的响应谱确定的振动（加速度、速度或位移）时间历程。为了满足产品在整车应用中的机械振动和冲击的要求，需要对产品的抗振动和抗冲击进行试验验证。基本测试流程包括以下步骤：

1）初始检测：燃料电池堆被测样品应按有关规范的要求进行外观、尺寸和功能检测。

2）一般要求：除非有关规范另有规定，燃料电池堆被测样品应按照标准要求，在优选的每条轴向上进行振动。若有关规定没另做规定，轴向间的顺序是不重要的。

3）中间检测：当有关规范有规定时，在所规定的时间历程试验或正弦扫频试验期间，样品应工作，并检测其性能。

4）最后检测：应按有关规范的规定对样品进行外观、尺寸和功能检查。有关规范应提供接受或拒收样品的判据。

（1）机械振动测试

振动测试模拟车辆长时间在复杂路况行驶（如搓板路、颠簸路、起伏路等）过程中的性能变化。燃料电池堆长时间振动颠簸后，其内部不能出现错位从而发生短路和气体泄漏等安全问题。按照 GB/T 20042.2—2008《质子交换膜燃料电池 电池堆通用技术条件》中 5.7 节的要求，对燃料电池堆进行耐振动试验，试验方法按照 GB/T 2423.10—2019 中第 8 章的规定进行。

试验要对燃料电池堆进行依次 X、Y、Z 三个方向的振动测试，轴向的选择应选最可能暴露故障的方向。要求测试结束后，电池堆连接可靠、结构完好，不应出现开裂、破碎或其他物理损伤，且应能承受介电强度试验、压力差试验、气体泄漏试验、正常运行试验和易燃气体的浓度试验并符合相关要求；最小监控单元电压无锐变，电压差的绝对值不大于 0.15V，无泄漏、外壳破裂、爆炸或着火等现象；燃料电池堆的绝缘性能和气密性能无明显下降。

振动测试后，燃料电池堆中的零部件无明显位移、扭转和弯曲；零部件的谐振频率与初始值的偏差应小于 10%，各个紧固螺钉的剩余紧固力不低于初始值 60%；各个电气连接点的电阻与初始值的偏差应小于 5%。

（2）机械冲击测试

按照 GB/T 36288—2018《燃料电池电动汽车 燃料电池堆安全要求》中 6.1 节的规定，对燃料电池堆进行机械冲击试验。燃料电池安装固定后，在 X 向、Y 向、Z 向上分别以 $5.0g$ 的冲击加速度进行冲击试验。机械冲击脉冲采取半正弦波形，持续时间 15ms，每个方向各进行一次。

燃料电池堆冲击测试之后，机械结构应不发生损坏，气密性满足气密性检测要求，绝缘性应满足绝缘性要求。

4.5.4　高、低温存储及低温启动测试中的安全测评

燃料电池堆储存温度要求及高、低温储存测试应符合国家标准相关细则规定。其中，模块储存温度范围为 -40~60℃。

（1）高温储存试验

按照 GB/T 33978—2017《道路车辆用质子交换膜燃料电池模块》中 6.13.2 节的规定，对燃料电池堆进行高温储存测试。

将燃料电池堆置于高温储存试验环境中，静置 12h 以上，至燃料电池堆内温度达到预定的储存温度（如 60℃）；将燃料电池堆试验环境温度降至室温，静置 12h 以上；重复以上过程共三次。

试验后，燃料电池堆不应出现裂缝、扭曲变形等缺陷；按照 GB/T 20042.2—2008 中 5.6 节的规定进行模块的燃料腔、氧化剂腔、冷却剂腔的窜气试验，并能满足相关要求。

（2）低温储存试验

按照 GB/T 31035—2014《质子交换膜燃料电池电堆低温特性试验方法》中 8.4.2 节的规定，对燃料电池堆进行低温储存试验。

燃料电池堆正常稳定运行条件下且燃料电池堆内部温度达到正常工作温度，按照关机程序进行燃料电池堆关机，记录关机所用的时间与消耗的能量与物质的量；将燃料电池堆置于低温储存试验箱中，按试验要求设置试验箱温度，静置 12h 以上；将燃料电池堆试验环境温度升至室温，静置 12h 以上，按照启动程序进行燃料电池堆的启动；重复上述过程，达到连续成功启动两次。

试验后，观察燃料电池堆模块封装壳体和封装安装固定部件是否出现裂缝、扭曲变形等缺陷；燃料电池堆模块按照 GB/T 29838—2013 中 5.3 节和 5.4 节的规定进行气密性和运行试验；按照 GB/T 20042.2—2008 中 5.6 节的规定进行燃料腔、氧化剂腔、冷却剂腔的窜气试验，试验中，燃料电池堆模块应能满足相

关要求。

（3）低温启动试验

按照 GB/T 31035—2014《质子交换膜燃料电池电堆低温特性试验方法》中 8.4.3 节的规定，对燃料电池堆进行低温启动试验。

燃料电池堆正常稳定运行情况下，按照关机程序对低温储存前的燃料电池堆进行关机；将燃料电池堆置于低温储存试验箱中，按照试验要求设置试验箱温度，静置 12h 以上；将燃料电池堆在低温试验环境中按照启动程序启动，记录达到额定功率输出的时间、气体消耗及相关的电流、电压；将燃料电池堆在额定功率下输出稳定运行 10min（功率加载误差≤2%）；重复上述过程，达到连续成功启动两次。

试验后，在室温下对燃料电池堆进行气密性试验、运行试验、允许工作压力试验、冷却系统压力试验、窜气试验、压力差试验、启动试验、关机试验、发电性能试验，燃料电池堆应均能满足相关要求。

4.5.5　IP 测试中的安全测评

质子交换膜燃料电池堆应具备防水防尘能力，保护燃料电池堆内部材料与部件不受水、灰尘影响。若整车对燃料电池堆模块有进一步要求，则按照整车的要求；若无特殊要求，按 GB/T 4208—2017 中的规定执行测试，模块防水应满足 GB/T 4208—2017 中 IPX5 等级要求，防尘应满足 GB/T 4208—2017 中 IP5X 等级要求。

（1）防水试验

按 GB/T 4208—2017《外壳防护等级（IP 代码）》中的规定，对燃料电池堆进行防水试验。

防水试验包括滴水箱试验、摆管或淋水喷头试验、喷嘴试验、浸水试验和喷水试验，不同外壳防护等级防水试验和试验方法见表4-2。

表4-2 不同外壳防护等级防水试验和试验方法

防护等级	防水试验	试验方法
IPX1	滴水箱试验	使用滴水箱，外壳置于转台上
IPX2		使用滴水箱，外壳在四个固定的位置上倾斜15°
IPX3	摆管或淋水喷头试验	使用摆管，与垂直方向±60°范围淋水，最大距离200mm或使用淋水喷嘴，与垂直方向±60°范围淋水
IPX4		使用摆管，与垂直方向±180°范围淋水，最大距离200mm或使用淋水喷嘴，与垂直方向±180°范围淋水
IPX5	喷嘴试验	使用喷嘴，喷嘴直径6.3mm，距离2.5~3m
IPX6		使用喷嘴，喷嘴直径12.5mm，距离2.5~3m
IPX7	浸水试验	使用潜水箱，水面在外壳顶部以上至少0.15m，外壳底面在水下至少1m
IPX8		使用潜水箱，水面高度由用户和制造厂协商
IPX9	喷水试验	扇形喷嘴在转台上对小型外壳进行试验，转速（5±1）r/min，在0°、30°、60°、90°方向喷射或者按预期使用对大型外壳进行试验从距离（175±25）mm的位置喷射

依据GB/T 33978—2017《道路车辆用质子交换膜燃料电池模块》，若燃料电池整车对燃料电池模块防水有要求，则按照整车的要求，若无特殊要求，模块防水应满足IPX5等级要求。

（2）防尘试验

按GB/T 4208—2017《外壳防护等级（IP代码）》中13.4节的规定，对燃料电池堆进行防尘测试。

防尘试验应在防尘箱中进行，密封试验箱内的粉末循环泵可以用能使滑石粉悬浮的其他方法替代。滑石粉应用金属方孔筛滤过，金属丝直径50μm，筛孔尺寸为75μm。滑石粉用量为每立方米试验箱容积2kg，使用次数不得超过20次。被试验的外壳按正常工作位置放入试验箱内，可不与真空泵连接。在正常情况下开启的泄水孔，试验期间应保持开启。防尘试验持续8h。

如不能将整台设备置于试验箱内做试验，可选用下列方法之一进行：用外壳的各个封闭部分做试验；用外壳有代表性的部件（包括组件）试验，试验时这些部件应安装就位；用具有相同结构、按比例缩小的设备进行试验。

对于后两种情况，试验时抽出设备的空气体积，应与整台设备时规定相同。试验后，观察滑石粉沉积量及沉积地点，如果同其他粉尘一样，不足以影响燃料电池堆的正常操作或安全，即认为试验合格。除非燃料电池堆设计时明确规定了特例，在可能沿爬电距离导致电痕化处不允许有灰尘沉积。

依据GB/T 33978—2017《道路车辆用质子交换膜燃料电池模块》，若燃料电池整车对燃料电池模块防尘有要求，则按照整车的要求，若无特殊要求，模块防尘应满足IP5X等级要求。

4.5.6 盐雾腐蚀测试中的安全测评

燃料电池堆应对腐蚀环境具有耐受性，满足腐蚀工作环境的安全要求。按照GB/T 28046.4—2011中5.5.2节所述的测试方法和GB/T 2423.17—2008《电工电子产品环境试验 第2部分试验方法 试验Ka：盐雾》，进行燃料电池堆的盐雾腐蚀测试。

盐雾腐蚀试验应在试验箱中进行，试样应按正常使用状态进行试验，试样之间不应有接触，也不能与其他金属部件接触。试验箱的温度应维持在（35±2）℃。所有的暴露区域都维持盐雾条件，至少用两个面积为80cm^2、放置在不受试样遮挡、不同位置处的器皿在暴露区域的任何一点连续收集至少16h的雾化沉积溶液，平均每小时收集量应在1.0~2.0mL之间。器皿内的溶液用于测试pH值和浓度，在（35±2）℃测量时，溶液浓度满足（5±1）%（质量比）要求，pH值在6.5~7.2内。试验结束后，小试样应在不超过35℃自来水下重洗5min，然后用不超过35℃的蒸馏水或者去离子水重洗，最后晃动或者用气流去掉水滴。试验在标准恢复条件下放置 1~2h。一般测试盐溶液采用氯化钠（化学纯、分析纯）和蒸馏水或去离子水配置，其浓度为 5%±1%（质量分数），$(35±2)$℃下测量 pH 在 6.5~7.2 之间。

试验后，可通过目视检查盐雾腐蚀情况，然后对燃料电池堆进行气密性试验、运行试验、窜气试验、绝缘试验、电气过载试验、介电强度试验，并能满足相关要求。

第 5 章　质子交换膜燃料电池系统安全

Chapter Five

1. 燃料电池系统安全性设计及测评技术。

2. 燃料电池系统的通用安全要求；控制系统及保护部件、辅助系统核心部件、外壳管路及连接件、导线及接地等燃料电池系统关键部件的安全影响因素。

3. 从热管理子系统、空气子系统、氢气子系统、废气废水排放系统及高压电安全等方面介绍了燃料电池系统的安全设计技术；介绍了质子交换膜燃料电池系统制造、运输等环节的安全影响因素。

4. 从氢电安全测评、振动冲击测试、高低温测试、电磁兼容测试、报警与关机测试等方面介绍了燃料电池系统的安全测评技术。

质子交换膜燃料电池系统是燃料电池电动汽车与纯电动汽车的最主要区别，也是燃料电池电动汽车与纯电动汽车安全性差异的根本原因。燃料电池系统的输出性能是燃料电池电动汽车动力性能的基础，既要满足车用功率需求，也要满足空间布局限制。车用燃料电池系统功率通常达到几十至上百千瓦，使用过程中氢气流量大，产热功率大，输出电压电流大，涉及机械、电气、热、化学等各种安全要求，且集中布置于紧凑有限的空间中；另外，还要承受车辆运行过程中的振动冲击和冷热雨尘等环境影响，这对燃料电池系统的安全性能提出了非常高的要求。

本章将重点分析质子交换膜燃料电池系统的安全问题，给出可以采取的安全措施，从而对燃料电池系统安全问题形成更深的了解和认识。

5.1　质子交换膜燃料电池系统通用安全性

质子交换膜燃料电池系统的设计和制造应充分考虑在正常或非正常使用过程中可能遇到的各种故障或事故导致的安全风险，采取相应的处理措施加以避免，并参照 GB/T 7826—2012 进行相应的风险评估，以及可靠性分析。对无法避免的安全风险，应提供安全提示标识和处理说明、声光警示以及自动和/或手动处理措施。

质子交换膜燃料电池系统的可接触部件不得具有可能造成人身伤害的尖利的边、角和粗糙表面；若无法避免，则制造商应设计相关的警示标识。

质子交换膜燃料电池系统的各个部件及其连接件在正常使用过程中，应能避免可能导致危害其安全性能的失稳、变形、断裂或磨损。

质子交换膜燃料电池系统的制造商应采取措施避免因接触或靠近质子交换膜燃料电池系统温度较高的部件而带来的危害。

当管道内含有爆炸性、可燃性或有毒流体时，在设计过程中应采取适当的预防措施，并对取样点与出口处进行标识。

5.2　质子交换膜燃料电池系统关键部件及安全影响因素

燃料电池子系统主要包括空气供应子系统、氢气供应子系统、热管理系统和功率调节系统。空气供应子系统的关键部件包括空气过滤器、空压机、中冷器、加湿器和空气压力调压阀等；氢气供应子系统的关键部件包括储氢瓶、减压阀、加湿器、氢气尾排电磁阀等。热管理系统的关键部件包括水泵、散热器、节温器、冷却风扇、水箱和热敏电阻（Positive Temperature Coefficient，PTC）等。功率调节模块，根据不同方案，关键部件一般包括单向 DC/DC 变换器或双向 DC/DC 变换器、电能储能模块和燃料电池控制器（Fuel cell Control Unit, FCU）等。

空气和氢气的温度、压力、湿度和流量等参数对燃料电池堆的性能影响较大，各个子系统须保证进入燃料电池堆的空气和氢气各项指标满足各工况点的要求。热管理系统分为高温冷却和低温启动系统，针对不同的运行条件，应制定相应的策略进行切换，保证燃料电池的高低温适应性。功率整合模块需要根据车载功率需求，调整燃料电池堆模块和电能储能模块的功率占比，保证燃料电池工作在高效率区，提高燃料电池系统整体效率，并保证系统功率输出满足整车动力性要求。

5.2.1 控制系统及保护部件

设计和制造燃料电池系统的控制系统时，应满足安全和可靠性分析的要求，确保系统部件的单点故障不会导致危险情况发生，设计的手动装置应明确标识，可防止意外调节、启动与关闭。

燃料电池控制系统一般应具备下述报警信息：负载过载、氢气泄漏、燃料电池故障、辅助储能模块故障、DC/DC 变换器模块故障、供氢压力低、供氢压力高、系统输出电压高、系统输出电压低、短路、过温、环境温度高、环境温度低、空气压力低、空气压力高、冷却水路压力低、冷却水路压力高、通信故障、系统绝缘低、空压机故障等。系统应能自动发出报警信号，并能通过通信接口将报警信号传送到近端、远程监控设备。

（1）保护功能

燃料电池系统应在以下几种工况下，在控制系统中提供紧急关机和非正常关机功能：

1）过载保护。当系统输出在额定功率100%~110%之间，持续10min或输出超过额定功率110%，持续3s，电能变换单元（如DC/DC变换器）应自动进入输出限流保护状态；故障消除后，应能自动恢复工作。在上述工况下，燃料电池系统应能发出报警信号。

2）燃料电池系统入口氢气高、低压保护。当系统检测到供氢压力低于系统规定的最低压力，应发出报警，燃料电池系统故障停机，同时主动关断阀件停止供氢；当系统检测到供氢压力高于系统规定的最高压力时，应发出报警，燃料电池系统故障停机，关断储氢系统电磁阀停止供氢，同时通过泄压装置及时释放压力。

3）输出过电压及欠电压保护。系统输出电压超过过电压保护设定值或者低于欠电压设定值时，应发出报警信号；当电压超过过电压保护设定值时，燃料电池系统应能自动关机保护。

4）短路或漏电保护。当系统中有电路短路或漏电时，控制系统应能通过显示屏或声光等方式发出报警信号，同时可自动切断燃料电池发电输出线或紧急关机。

5）氢气泄漏保护。系统应具有氢气泄漏检测功能，并在发生泄漏时能发出报警信号；氢泄漏浓度超过2%，燃料电池系统自动切断氢气源或紧急关机。

6）系统过温保护。当系统冷却水出口温度超过温度限值，应发出报警，燃料电池系统故障停机。

7）燃料电池故障保护。当燃料电池出现单体电压以及电压差超过限定值，燃料电池系统应自动进入输出限流保护状态，故障消除后，应能自动恢复工作；如果故障无法消除，应发出报警，并请求燃料电池系统停机。

（2）保护部件

1）为保证燃料电池系统能够正常、安全运行，系统中应安装恰当的保护部件。保护部件应满足以下要求：

① 保护性装置安装位置应满足维护和检测要求。

② 保护性装置应独立于其他装置可能具有的各种功能。

③ 配置隔离型 DC/DC 变换器的燃料电池系统，应具备独立的绝缘监测能力。

④ 应提供诸如安全泄放阀等限压装置。

⑤ 氢气浓度传感器应根据 IEC 61779-6 规定进行选择、安装、校对、使用和维护。

2）若控制系统逻辑发生故障、控制系统硬件发生故障或受到损坏，则应满足以下要求：

① 在关机命令发出后，任何操作都不能阻止关机。

② 手动部件，如紧急关机按钮、氢气供应管路或燃料储存装置的阀门或供气按钮等的关闭功能不受到妨碍。

③ 保护装置应保持完整的有效性。

④ 发电系统不会发生意外重启。

5.2.2 辅助系统核心部件

（1）辅助系统子系统及核心部件的范围

燃料电池系统的辅助系统主要包括反应物供应系统、热管理子系统、水管理子系统、自动控制子系统及功率调节子系统。

反应物供应系统包括空压机、加湿器、氢气循环泵或引射器等。空压机的任务是提供燃料电池发电所需要的氧化剂（氧气），要求空压机能够提供满足最高功率所需的空气。加湿器是燃料电池发电系统的另一重要部件，由于燃料电池中的质子交换膜需要有水润湿的状态下才能够传导质子，因此反应气体需通过加湿器加湿后，将携带质子传输需要的水分送入燃料电池内。氢气循环泵或引射器的作用是在燃料电池发电系统氢气回路上把未反应氢气从燃料电池出口直接泵回燃料电池入口，与入口反应气汇合后进入燃料电池，这样可以提高氢气在燃料电池阳极流道内的流速，防止阳极水的累积，避免阳极水淹，同时也起到提高氢气利用率的作用。

热管理子系统包括散热器和配套风扇、管路、循环流体泵、阀门、传感器件、冷却器件、冷却流体储存箱与补充箱等，上述部件均应符合相应标准。水管理子系统包括管路、循环水泵、阀门、传感器件、水储存与补充箱等，应符合相应标准。燃料电池发电系统回收生成水用作氢气或氧气增湿或其他用途时，应去除水中对发电系统有害的物理颗粒与金属离子。

自动控制子系统包括为保障燃料电池发电系统正常运行进行调节与监控所必需的传感器件、线路、执行器件、控制器件、软件程序等，均应符合相应标准。

功率调节子系统根据发电系统内部装置所消耗的功率和对外输出功率的要求，通过DC/DC变换器对燃料电池堆的输出电流、电压进行调节，实现符合使用要求的功率输出。

（2）辅助系统中电气元件的一般要求

电气系统设计以及电气电子设备应用，应满足相关电子产品应用标准，应提供技术范围以选择恰当的应用，告知系统集成商燃料电池电气元件合适的运行环境条件、运行和储存的环境温度、湿度范围。若系统集成商提供电子元件，应告知必要的技术规范，以保证安全。

位于燃料电池系统封装内的电子元件应符合 GB 3836.14—2014《爆炸性环境 第14部分：场所分类 爆炸性气体环境》规定的危险场所分类要求，使用 GB 3836.1—2010《爆炸性环境第1部分：设备通用要求》中规定的保护技术。

（3）辅助系统中橡胶零部件的一般要求

在制造商规定的产品寿命内，所有材料应能满足运行的最高温度和最高压力的综合要求，并能与正常使用、维护和检修可接触到的其他材料和化学品相容。

外壳体的聚合物零部件和橡胶零部件应防止被机械损伤。聚合物和橡胶管路可根据使用情况，必要时加装防护套管或外罩；作为氢气、空气排放系统管路，应采用抗冷凝物腐蚀的材质制作，应鉴定其耐温、强度和抗冷凝物反应的性能。

输送氢气的聚合物或橡胶管件应预防可能的过热，在温度达到比氢气输送管路材料的最低变形温度（Heat Deflection Temperature，HDT）还低10℃之前，控制系统应能切断氢气的供应。设计时考虑安全及可靠性，采用适当的泄压装置或方法来保护零部件，防止过压引起损坏。

运输流体（如氢气）的非金属管材会在其内外表面积累静电荷，并且部分电荷可转移至管材两端连接的金属配件上，管材外表面或配件的放电有可能足以点燃环境中的易燃气体。因此，用于危险区域内的聚合物或橡胶材料应具有防止静电电荷累积的有效措施，如具有导电性；或者通过测试证明，测试电压达到1000V，末端电阻小于$1M\Omega/m$，即表明该非金属管材材料可减轻电荷积累现象，因而可选用该管材；或者通过静电累积试验来检测正常和非正常工作条件下，管材材料上不会因为流体流过而产生引燃的静电荷。在不满足上述要求的情况下，设计时须将流体气速限定在特定值之内，使静电荷不会在这种非金属材料上产生累积。

硫化橡胶和热塑性橡胶部件应按 GB/T 3512—2014《硫化橡胶或热塑性橡胶热空气加速老化和耐热试验》的规定进行热空气加速老化试验和耐热试验（老化时间不低于96h），试验后性能应仍满足燃料电池系统的工作要求。

(4) 主要部件的安全要求

1) 空压机安全要求。空压机是燃料电池空气供应的关键部件，不同的燃料电池系统应匹配不同类型的空压机。目前可选的几种空压机类型包括：螺杆空压机、离心式空压机、活塞空压机、罗茨空压机、反馈空压机、卷轴空压机和叶片空压机。空压机安全设计需要考虑以下因素：具有高压互锁功能；强弱电间距保证5mm以上，强电弱电区域分离；防触指设计；X电容及Y电容均按照电气规范使用；通信、控制及模拟部分全部通过光耦隔离或磁隔离进行设计；直流母线设计放电电阻。

2) PTC 安全要求。PTC 的工作原理是，加热电阻通电后发热，温度升高，阻值升高，PTC 控制器根据出水温度控制其加热功率。PTC 加热器高压供电要求在允许电压范围，具有高压短路和高压过载保护，高压接线端对外壳的绝缘电阻大于等于 500MΩ（DC 1000V）。使用时还需注意电压范围以及内腔耐压范围。

3) 水泵安全要求。水泵是燃料电池热管理系统的"心脏"，它通过增大冷却液的流速来给燃料电池堆调温。水泵主要参数有流量、扬程、绝缘及 EMC 能力。此外，水泵还需要实时反馈当前的运行状态或故障状态。水泵的安全防护（根据 GB/T 18488.1—2015《电动汽车用驱动电机系统》中的 5.2.7 节）主要包括：高压正负端输入≥DC 1000V，高压接插件与机座绝缘≥50MΩ（冷态）；高压正负端输入≥DC 1000V，内部充满冷却液时液体与壳体绝缘≥50MΩ。

4) DC/DC 变换器安全要求。DC/DC 变换器作为氢燃料电池发动机系统的关键部件，用于将燃料电池输出电压转换为与整车电池动力母线匹配的直流电压，通过对燃料电池输出功率的精确控制，实现燃料电池系统与整车动力系统之间的动力匹配；同时，DC/DC 变换器内应有主/被动放电能力，在燃料电池发动机停机后，燃料电池堆内多余的反应气体产生的能量可通过该泄放电阻充分消耗。DC/DC 变换器的安全防护要求主要包括：漏电电流≤2mA（DC 2500V 测试）；绝缘电阻≥50MΩ（DC 1000V 测试）。

5) 氢气循环泵安全要求。氢气循环泵是燃料电池系统辅助部件中的关键部件，配备氢气循环装置可以有效提升氢气利用率，并使得阳极侧氢气分配更加均匀，同时带走从阴极渗透至阳极的液态水。氢气循环泵在安装时要注意安装方式是否正确，在使用期间要保持输入电压稳定，同时转速和压力不可以急停急启。设计好氢气循环泵故障时的保护策略，可有效降低危险发生的概率。

5.2.3 外壳、管路及连接件

（1）概述

燃料电池发电系统的外壳应具有足够的强度、刚性、耐腐蚀性，可起到支撑保护作用，并应满足存储、运输、安装及最终工作环境条件要求。

燃料电池系统的管路及其连接件等配件应满足以下规定：

1）与氢气相关的金属部件，其抗氢脆性应符合 HB 5067—2005《镀覆工艺氢脆工艺试验（系列）》中的规定。

2）与氢气相关的橡胶部件应符合 ISO 15916：2015 中的规定。

3）易被腐蚀的部件应采取有效措施进行防腐蚀保护，如涂耐腐蚀保护层。

4）管路系统应能承受制造商规定的最大允许工作压力 1.5 倍的压力，并通过气密性试验。

5）流体泄漏不致产生危险的部位可采用螺纹连接，如空气供应回路、冷却回路；其他接缝都应焊接，或按制造商要求与指定的密封部件装配连接；为防止流体的泄漏，流体管路中使用的接头应是磨口接头、法兰接头或压力接头。

6）应彻底清理管路的内表面以除去颗粒物，应仔细清除管路端口的障碍物和毛刺。

7）除氢气外，当管路中其他气体压力可能超过 103.4kPa，或液体液压可能超过 1103kPa，或温度可能超过 120°C 时，管路及其接头等配件应符合 GB/T 20801—2006（所有部分）的规定。

8）选用柔性管路及相关配件输送气体时，该柔性管理应适用于气体输送。氢气管路应特别考虑老化、脆化、微孔等因素的影响。

（2）金属管路及其配件

燃料电池系统的金属管路及其连接件应符合 GB/T 20972.1—2007《石油天然气工业油气开采中用于含硫化氢环境的材料 第 1 部分：选择抗裂纹材料的一

般原则》的规定，与氢气相关的系统金属管路及其配件，其抗氢脆性应符合 HB 5067—2005《镀覆工艺氢脆工艺试验（系列）》中的规定，防止进入燃料电池系统的氢气前端减压阀发生故障，导致系统管路有高压氢气而发生氢脆。

燃料电池系统的氢气管路及连接装置应能防止应力腐蚀开裂。高压下承载或输送流体的刚性与柔性管路和配件都应按照 ISO 16528：2007（Boilers and pressure vessels）中的要求进行设计、安装和试验。

燃料电池系统的金属管路系统应能承受最高运行温度和最高运行压力的共同作用，并能与使用、维修和保养时所可能接触的其他材料、化学品相容。金属管路系统应保持完好，并应具有足够的机械强度，满足耐振动性要求。

燃料电池系统的金属成型弯管在弯曲时不应产生影响使用的缺陷，不可因加工成型导致失效，应符合以下要求：

1）只可用专用折弯设备及工艺制作弯头。

2）所有弯头光滑，不可产生变形、裂缝或其他明显机械损伤。

3）管道纵向焊缝在弯头中轴附近。

4）弯头内半径不得低于制造商规定的最小半径。

（3）非金属管路及其配件

在燃料电池系统中使用聚合物和橡胶管路、部件，以及使用其他非金属管路和配件，应满足以下要求：

1）管路及配件的材料在使用寿命内能承受最高运行温度和最高运行压力，并在寿命期间内与其他材料和化学品兼容，具有足够的机械强度。

2）燃料电池系统内的塑料或弹性部件应避免受到机械损伤，可对旋转设备或机组的其他机械设备做适当的屏蔽以免发生故障。

3）应对用来输送易燃气体的塑料或弹性部件密闭舱室加以保护，防止过热的可能性。

4）如果燃料流温度达到低于燃料输送部件所用材料最低热变形温度 10℃ 以

上，且无法停止时，控制系统应切断燃料流动。

5）在危险位置使用塑料或弹性材料，应采用导电或以其他方式设计（如限制流量或其他方法）以避免静电积聚。

6）由于塑料或弹性材料的导电性不足，一般只应用于非危险区域。

7）非金属管路及配件应能承受最高运行温度和最高运行压力的共同作用，不允许释放对人身、环境有害的物质，并能与燃料电池发电系统使用、维修和保养时可能接触的其他材料、化学品相容，应具有足够的机械强度，满足耐振动性要求。

8）输送易燃气体的塑料或橡胶管件应预防可能的过热，所用材料的最低热变形温度应高于燃料电池发电系统允许的最高温度或设定温度。

9）非金属管每米的电阻最大不能超过$1M\Omega$。

（4）氢气管路及其配件

燃料电池系统使用的氢气管路及其配件应满足以下要求：

1）燃料电池发电系统外壳内的氢气管路应有效固定或采用其他有效措施避免磨损，氢气管路及其配件的设计和结构应符合GB/T 20801—2006《压力管道规范 工业管道》（所有部分）的规定。

2）燃料电池系统氢气管路的排放口与带电部件之间应保持一定的间隙，一般情况下不小于50mm；当氢气管路与带电部件被很好地固定从而不会因发生移位导致间隙小于12.7mm时，间隙可小于50mm；或者带电部件位于限流电路上而不会产生导致危险发生的电能时，间隙可小于50mm。

3）燃料电池系统氢气管路及连接装置应能防止应力腐蚀开裂，高压下承载或输送流体的刚性与柔性管路和配件都应按照ISO 16528：2007中的要求进行设计、安装和试验；管路在燃料电池系统正常、紧急情况、故障运行和停车条件下，都应能在最大允许工作压力和最大允许工作温度下使用。

4）燃料电池系统氢气管路安装和检修完成后，应对氢气管路进行吹扫，避免有异物进入燃料电池系统。

(5) 外壳防护

燃料电池发电系统的外壳应具有保护操作人员不受带电部件、过热部件（温度超过表 5-1 所列的规定温度）等存在危险性部件的伤害，在带电或过热部位应具有警示标识，警示标识应符合 GB/T 2894—2016 的规定。

为消除因燃料电池发电系统外壳、操作杆、把手、旋钮外表面等在正常运行过程中可能与操作人员或环境接触的部件温度过高而带来的对操作人员或环境的损害风险，上述部件的表面温度应符合表 5-1 所列的规定，否则应安装防护罩或其他防护装置直到符合标准。

表 5-1 允许表面温度

部 件		最高表面温升值/℃
外壳（正常使用中的操作杆除外）		60
在正常使用过程中仅短时间握持的操作杆、把手、旋钮和类似部件的外表面	金属材质	35
	陶瓷材质	45
	铸模材料（塑料）、橡胶或木质材料	60

燃料电池系统外壳安全防护设计时，应考虑外力挤压、跌落、振动、冲击等工况下外壳结构对燃料电池系统的防护，确保系统仍能够满足功能要求。外壳防护材料应符合欧盟 ROHS（Restriction of Hazardous Substances）要求，还应满足客户特殊要求，如识别硫含量等有害化学成分。

燃料电池系统外壳不得具有可能造成人身伤害的尖利边角和粗糙表面，金属外壳通常应设计良好的接地点，避免尖锐带电体的尖端放电。

燃料电池系统外壳应具有足够的强度、刚度、耐用性、耐腐蚀性及其他物理特性，以在存储、运输、安装及最终使用地区的工作环境条件下，避免出现外壳的局部塌陷、间距缩小、结构松动、零部件移动或其他严重缺陷，防止增大着火和意外事故的风险。

如果燃料电池系统安装于车辆易涉水部位，则燃料电池系统外壳的设计和试验应符合 IP67 防护等级。

由于故障或其他原因，燃料电池系统内的零件可能松动或被甩出，因此外壳应足以容纳这些零件并能防止它们甩出。

在系统全生命周期内，外壳通风口设计应考虑到正常工作情况下不会被尘埃、雪花或植物堵塞；在系统全生命周期内，根据燃料电池系统的使用寿命要求和使用区域环境要求来确定系统的防腐蚀等级。

如果系统外壳内有保温材料，则保温材料在正常情况下除导热率低以外，还应具有吸水性低、阻燃性好、电绝缘性能好等特点。

5.2.4 导线及接地

（1）燃料电池系统内部导线及元器件的一般要求

1）燃料电池发电系统使用过程中，内部导线和元器件应能够承受最大电流的使用要求，同时承受发电系统正常运行状态下可能产生的任何温度。

2）在规定的允许温度下，燃料电池发电系统内部的导线和元器件的机械强度不会降低，不会因为热膨胀而超过材料允许承受的应力，不会损坏邻近的绝缘部件。

3）燃料电池系统内部导线的选用应符合 GB 3836.4—2010《爆炸性环境 第4部分：由本质安全型"i"保护的设备》中 5.6 节的规定。

4）燃料电池系统内部导线及元器件的连接装置应符合 GB 3836.4—2010《爆炸性环境 第4部分：由本质安全型"i"保护的设备》中 7.2 节的规定，与金属部件接触的内部导线，应有机械保护或加以适当固定以防损坏。

（2）接地要求

1）燃料电池发电系统内部部件的导体外壳应同电平台连接，确保在氢气泄漏时,不会因静电引燃氢气。

2)燃料电池系统的 CAN 总线支路距离控制符合规范,CAN 总线中包括信号地和屏蔽地,两者不可混淆。

3)CAN 总线屏蔽地可理解为 CAN 屏蔽层,一般为编织铜网,所有控制器节点的 CAN 屏蔽层引脚连接至屏蔽层后,屏蔽层需单点接地,在抗干扰能力最差的地方单点接地,保证外来的干扰信号可被该层导入大地,屏蔽线接法避免采用拧股方式。

4)CAN 总线的信号地也称为隔离地,为使电子设备工作时有一个统一的参考电位,避免有害电磁场的干扰,使设备稳定可靠地工作,设备中的信号电路应统一参考地。

5)若使用单屏蔽层双绞线作为信号地,则信号地理想的接法是使用专门的信号线将所有节点信号地连接,起到统一参考地的作用。但如果缺少信号地线,亦可将所有节点信号地都连接到屏蔽层,但这样屏蔽效果就将大打折扣。所有节点信号地接到屏蔽层后,屏蔽层需单点接地,不可多点接地,否则会在信号地线上形成地环流;另外,为了加大供电地与信号地之间的隔离电阻,阻止共地阻抗电路耦合产生的电磁干扰,需采用隔离浮地设计,通过阻容方式将屏蔽层与外壳隔离。

6)燃料电池系统内部高压零部件(B 级电压电路)一般需接地处理,如可导电外壳、遮栏应传导连接至电平台,这一方面是为了改善 EMC,另一方面是为了满足安全需要,具体要求可参考 5.3.5 节关于高压电安全设计的内容。

(3)导线设计及选型要求

相较于传统车辆,燃料电池电动汽车的线束具有大电流、大电压、大线径和导线数量多的特点。其在设计及选型方面的要求如下:

1)温度要求:燃料电池道路车辆的线束其电缆允许长期工作的温度不超过 125℃,如果电缆的布置环境温度超过了电缆允许的工作温度,则可通过增大电缆截面积的方法来满足环境温度的要求。

2）耐压要求：根据 GB/T 18384.3—2015 中的规定，彼此无电连接的电路之间介电强度应能耐受 2UAC + 1000V 的试验电压，不发生闪烁击穿现象。

3）线束拉脱力要求：电缆压接至接插件后，拉脱力不应小于最小拉脱力规定；根据 SAE J 1742：2010，最小拉脱力规定值见表 5-2。

表 5-2　最小拉脱力规定值

电缆导体截面积/mm²	最小拉脱力/N
2.5	210
4	265
6	320
16	1400
25	1900
35	2300
50	2800
70	3500

（4）导线选型及布线设计方法

燃料电池电动汽车的高压输出线一般采用高压导线 AC 600V/900V（根据 ISO 19642），采用壁厚高线，壁厚 0.6~1.1mm；采用耐热导线，耐热 150℃ 或以上；可选用硅橡胶导线，交联聚乙烯/交联聚烯烃材料。

对于线束插接器的密封要求如下：与高压插接器匹配，采用导线密封件、热缩管、Pass-thru 密封件、橡胶件等多种方式进行密封，以实现防水防尘（IP67，IP69K）。

在布线设计时，主要考虑以下设计准则：静态负载情况下，最小弯折半径 4 倍导线外径；动态负载情况下，最小弯折半径 8 倍导线外径；高低压导线间距最小不低于 100mm；高压接插件出线端到第一个固定点的距离不大于 100mm，相邻固定点之间的距离一般不超过 150~200mm；走线应避免形成大的电磁环；高低压平行走线间隔距离需大于 400mm，如果实际情况的确无法达到该要求，高低压需相互垂直走线；要求导线具有良好的圆整度、尺寸稳定性能、老化性能。

5.3 质子交换膜燃料电池系统设计及安全影响因素

5.3.1 热管理子系统及热安全设计

由于质子交换膜材料自身的特性，燃料电池堆对温度较为敏感。质子交换膜需要吸收足够的水分保证其具有良好的导电性，一旦温度过高会加快膜内水的蒸发，导致质子交换膜出现皱折、缩水和破损等现象，燃料电池性能将会急剧下降。燃料电池工作中产生的热量若不及时耗散，其内部甚至会出现热点，导致膜穿孔等现象的发生，严重缩短燃料电池的使用寿命，因此其工作温度一般限制在 60~80℃。

另外，对于燃料电池系统的关键部件，如空压机和 DC/DC 变换器，其在工作过程中也会发热导致温升，需要考虑散热问题。例如，空压机高速运转压缩空气至燃料电池堆进口过程中，会产生大量热量，若不及时散发至外界，容易导致空压机机体温度急剧上升，缩短空压机工作寿命。

燃料电池系统散热元器件主要包含液冷散热器和风冷散热器，上述散热器应具有足够的散热面积，保证系统内部热源与热管理系统之间的热传递满足设计需求。针对低功率燃料电池，风冷散热能满足散热要求。针对高功率（5kW以上）燃料电池，一般需要采用液体散热的冷却方式。采用液体冷却时，冷却液流过燃料电池堆双极板冷却流道，通过对流传热将燃料电池堆产生的热量散发至堆外。同时，辅助系统散热主要通过冷却液流过待冷却部件冷却流道，将部件产生的热量散发至外界环境。因此，燃料电池系统设计时应考虑防止燃料电池堆、空压机、DC/DC 变换器等关键零部件过温而引发安全事故。上述散热功能一般在燃料电池热管理系统中实现。

燃料电池堆热管理子系统的示意图如图 5-1 所示，该子系统中包括水泵、散热器总成、节温器等主要部件，通过节温器，将其分成大、小循环，通过小循环可使燃料电池堆温度迅速提升至运行所需的温度。

图 5-1　燃料电池堆热管理子系统

1）燃料电池系统内部使用的电机应设置温度传感器，并通过电机控制器实现温度检测功能。如果检测到电机温度过高，通过 CAN 通信向燃料电池系统控制器输出电机温度报警或者电机温度过高信号，控制系统应限制电机功率或停止工作。温度传感器的设置位置及数量应能反映不同工况下最高温度和最低温度要求，同时应考虑温度传感器的精度、适用范围及响应时间。

2）燃料电池系统应能有效对燃料电池堆进行散热和降温，以确保燃料电池堆工作温度始终在正常使用范围内，以免温度过高影响燃料电池堆的使用寿命。

3）为保证特定区域使用的燃料电池系统低温启动性能，设计有加热元器件。在燃料电池系统内置加热部件进行热设计时，应具备相应的安全设计（如引入二次热熔保护机制），当加热部件温度过高时，能够切断加热元器件电源。

4）对于热管理系统中的液冷流路，当系统可能发生泄漏甚至产生安全隐患时，热管理系统设计应考虑具有相应的检测手段，并发出报警信号。

5）针对燃料电池系统可能存在的着火风险，系统零部件应尽量选用阻燃等级较高或者不燃烧的材料，即使在热失控的极端条件下，系统内零部件至少不会加剧燃烧反应。

6）在燃料电池热管理中，燃料电池的最大耐受温度应考虑到燃料电池内部局部热点问题，防止燃料电池局部温度过高造成危险。当燃料电池的温度到达最大耐受温度时，需要限定燃料电池的输出功率，直至燃料电池温度达到安全温度后，方可放开限定功率。

7）燃料电池堆用冷却液应符合表5-3中所列的要求。

表5-3 燃料电池堆冷却液品质要求

项目	参数要求
乙二醇浓度	≤50%乙二醇水溶液
电导率	≤5μS/cm
颗粒物	<100μm

燃料电池冷却液中可能包含一定浓度的乙二醇。乙二醇是一种无色、有甜味的黏稠液体，人体直接摄入乙二醇或吸入其蒸气是有毒的。所有涉及冷却液操作的人员，必须遵守材料安全数据表（Material Safety Data Sheet，MSDS）中明确规定的使用特殊冷却剂的预防措施。这些预防措施包括但不限于佩戴安全眼镜和化学防护手套。对冷却液的处置必须依照国家规定和地方性法规。

8）针对燃料电池运行一段时间后，冷却液电导率上升，导致燃料电池堆内部短路的风险，热管理系统需要实时采集冷却液电导率，提供电导率报警功能。若电导率超过一定值（5μS/cm）时需要更换离子过滤器，降低冷却液的电导率。

9）热管理系统能提供液位报警、流量报警等功能，当液位和流量过高和过低时进行报警，及时发现冷却液泄漏等现象，保证冷却液的流量稳定。

5.3.2 氢气子系统

燃料电池系统中氢气子系统如图 5-2 所示。典型的氢气子系统包括储氢瓶、减压阀、压力调节阀、循环装置（循环泵或引射器）、稳压罐、传感器、各种电磁阀及管路等。氢气供应子系统通过高压储氢瓶提供燃料电池堆所需的氢气，根据燃料电池堆的工况特性，对氢气进行调压、加湿，将氢气调控至燃料电池堆所需的流量、压力和湿度后，进入燃料电池堆，并通过循环装置对燃料电池堆出口氢气进行循环利用。燃料电池堆的尾排氢气一般汇入到空气排气系统后，一起进入尾排管排放，这种做法可降低尾排气中的氢气浓度。

图 5-2　燃料电池系统中氢气子系统示意图

图 5-2 中的燃料电池系统氢气子系统包含的管路、阀门、传感器、燃料处理装置等，应符合相应标准和使用要求。连接燃料电池堆和氢气储存容器的连接装置应适合使用要求。补给氢气时与加氢站的快速氢气接插件连接方法应符合相关压力、安全等标准和规定。无论是固定的或可更换的，一次性的或可再充装氢气储存容器，这些氢气储存容器都应符合国家相关压力、安全使用标准和规定。

燃料电池系统所使用的氢气应满足 GB/T 37244—2018《质子交换膜燃料电池汽车用燃料　氢气》中的品质要求，氢气纯度应大于 99.97%（摩尔分数），具体要求见表 5-4。全新的储氢瓶在使用前一般预充氮气或者空气，经 3 次以上置换，达到要求后方可使用。如果供给的氢气品质未达到要求，可能对燃料电池堆性能和寿命造成不利影响。

表 5-4 进入燃料电池系统的氢气品质要求

杂质	含量（$10^{-4}\%$）	杂质	含量（$10^{-4}\%$）
H_2O	≤5	总烃	≤2
O_2	≤5	He	≤300
总 N_2 和 Ar	≤100	CO_2	≤2
CO	≤0.2	总硫	≤4
甲醛	≤0.01	甲酸	≤0.2
氨	≤0.1	总卤化物	≤0.05
最大颗粒物	≤1mg/kg		

需要注意的是，燃料电池系统的供氢子系统在关闭时仍会有压力存在，因此，在切断氢气供应之前，要核查这条线是否处于无压力状态。另外，即使在燃料电池堆模块已从系统中移除的情况下，模块内的氢管路仍可能有残留氢气。因此，在移除燃料电池堆之前，需要将管路中的氢气安全释放。

5.3.3 空气子系统

燃料电池空气子系统如图 5-3 所示。典型的燃料电池空气子系统主要部件包括空气过滤器、空压机、中冷器、加湿器、进气总管、背压调节阀、水分离器和消声器（可选）等。空气过滤器用于防止空气中杂质颗粒进入阴极堵塞流道；空压机用于增加空气压力，达到阴极进口压力条件。根据能斯特方程，增加燃料电池堆压力，也可在一定程度上增加电压。经过压缩机压缩后的空气温度较高，为防止高温空气进入燃料电池堆，须经过中冷器冷却，达到相应的温度要求。为保持质子交换膜中水的含量，需要给空气进行加湿，达到一定的湿度条件。进气总管用于稳定空气进气压力和流量，防止进气压力和流量波动。可见，过滤后的空气经过由空压机、中冷器、增湿器等组成的供气系统，达到燃料电池堆对空气流量、温度、压力和湿度的要求后，进入燃料电池堆。背压调节阀用于调节阴极出口压力，各个部件配合使用，保证空气供应稳定可靠。

燃料电池堆的尾排气通过排气系统后，进入尾排管排放出去。

图 5-3　燃料电池空气子系统的简化示意图

燃料电池空气子系统包括过滤器、管路、处理装置、传感器件、阀门等，应符合相应标准，空气子系统中过滤器仅对颗粒级灰尘进行过滤处理。一般情况下，燃料电池堆对空气质量有明确的要求，需要配备空滤对进入燃料电池系统的气体进行有效的过滤（包括颗粒物和相关化学物质），防止造成对电极材料的污染。选择空滤时应考虑进气流阻对空压机的影响。

针对燃料电池系统空气子系统的各个部件，其存在的风险主要有以下几点：

1）空气过滤器长时间工作后失效，空气中杂质进入燃料电池堆。

2）空压机在运转过程中机体润滑油进入空气，空气受到污染，进而影响燃料电池正常工作。

3）中冷器冷却能力不足，经过中冷器冷却后的空气温度过高，对燃料电池堆造成热冲击。

4）加湿器加湿能力不足，空气中水蒸气不足，导致燃料电池堆中水分逐渐减少，燃料电池内部阻抗增加，输出电压急剧下降。

针对上述风险，进行空气子系统设计时应遵循以下几点原则：①需防止空压机润滑油等污染物进入燃料电池堆，影响正常工作；②采用传感器实时采集空气供应管路中空气温度和压力，并输入到燃料电池控制器中，并且提供温度和压力过高和过低报警功能；③根据燃料电池运行工况，动态调节中冷器、加湿器等部件的运行条件，保证各个部件运行在工作最佳状态。

5.3.4　废气和废水的排放

燃料电池系统应设有直通车外的废气、废水排放口，为便于排水，从燃料电池系统至自然环境管道不应出现高度上升的布置。

燃料电池系统废气、废水排放应考虑以下事项：

1）废气、废水的排放应不会引起危险。

2）排放系统应采用抗冷凝物腐蚀的材料制作，非金属材料应鉴定其耐温、强度和抗冷凝反应的性能；制造排气系统所用材料的耐受温度应高于输送废气的最高温度。

3）在排放燃料废气时，排放的氢气浓度三秒平均值不超过4%，瞬时值不超过8%，测试方法见GB/T 24549—2009《燃料电池电动汽车安全要求》。

4）可能排出或泄漏出燃料废气的出口应远离可能产生火花、过热的部件和室内通风口，应在可能存在可燃性气体的燃料稀释空间之外，且与带电部件之间的距离应符合GB/T 31037.1—2014《工业起升车辆用燃料电池发电系统 第1部分：安全》4.3.2.4节的规定。

5）燃料废气排放口禁止堵塞，当排放口因堵塞导致压力过高达到制造商设定的值时，燃料电池发电系统应能自动关机并切断氢气供应源。

6）排气管道应具有适当的支撑，并配备防雨盖或其他不限制或不阻碍气体垂直向上排放的部件；应配备排水装置或措施，以防水、冰、雪和其他杂物在排气管道内积聚或阻塞排气管道。

7）除出口外的排气系统应密封，不得有泄漏。

5.3.5 燃料电池系统的高压电安全设计

（1）电路的电压等级

根据最大工作电压，电气元件或电路可以分为A和B两个等级，具体等级划分见表2-5。对于相互传导连接的A级电压电路和B级电压电路，当电路中直流带电部件的一极与电平台相连，且其他任一带电部分与这一极的最大电压值不大于AC 30V（RMS）且不大于DC 60V，则该传导连接电路不完全属于B级电压电路，只有以 B 级电压运行的部分才被认定为 B 级电压电路。

(2) 耐电压要求

燃料电池系统内部的绝缘体应有足够的耐电压能力，进行耐电压试验不应发生绝缘击穿或电弧现象，具体要求参见 GB/T 18384.3—2015 中的规定。

(3) 触电防护及绝缘要求

根据 GB/T 18384—2015 中 5.1 节内容，人员触电防护要求应包括四个部分：高压标记要求、直接接触防护要求、间接接触防护要求、防水要求。

1) B 级电压电线标记要求。B 级电压电路中电缆和线束的外皮应用橙色加以区别，满足标准 5.1.3.2 节要求的遮栏后面或外壳里面的除外。非 B 级电压电路中电缆和线束不得使用橙色。

2) 直接接触防护要求。直接接触防护是通过绝缘材料，外壳或遮栏实现人体与 B 级电压带电部件的物理隔离，外壳或遮栏可以是导体也可以是绝缘体。

遮栏和外壳需要满足如下两点要求：

① 乘客舱内、货舱内的遮栏和外壳应满足 GB/T 4208—2017 中 IPXXD 的防护等级要求，乘客舱外、货舱外的遮栏和外壳应满足 IPXXB 的防护等级要求。

② 遮栏和外壳通常只能通过工具才能打开或者去掉。若遮栏和外壳在不使用工具的情况下可以打开或者去掉，则要有某种方法使其中的 B 级电压带电部分在遮栏和外壳打开后 1s 内至少满足如下两种要求之一：交流电路电压应降到不超过 AC 30V (RMS)，直流电路电压应降到不超过 DC 60V；B 级电路存储总能量小于 0.2J。

高压插接器在不使用工具的情况下，应无法打开，但以下三种情况除外：高压插接器分开后，应满足 IPXXB 的防护等级要求；高压插接器至少需要两个不同的动作才能将其从相互的对接端分离，且高压插接器与其他某个机构有机械锁止关系，在高压插接器打开前，该锁止机构应要使用工具才能打开；在高压插接器分开之后，插接器中带电部分的电压能在 1s 内降低到不大于 AC 30V

（RMS）且不大于 DC 60V。

对于装有高压维修断开装置的车辆，高压维修断开装置在不使用工具的情况下，应无法打开或拔出，但以下两种情况除外：高压维修断开装置打开或者拔出后，其中的 B 级电压带电部分满足 GB/T 4208—2017 中规定的 IPXXB 的防护等级要求；高压维修断开装置在分离后 1s 内其 B 级电压带电部分电压降低到不大于 AC 30V（RMS）且不大于 DC 60V。

燃料电池系统及整车动力电路系统的高压带电部件，应通过绝缘或使用盖、防护栏、金属网板等来防止直接接触，这些防护装置应牢固可靠，并耐机械冲击。在不使用工具或无意识的情况下，它们不能被打开、分离或移开。

3）间接接触防护要求。在最大工作电压下，直流电路绝缘电阻应不小于 $100\Omega/V$，交流电路应不小于 $500\Omega/V$。如果直流和交流的 B 级电压电路可导电的部分连接在一起，则应满足绝缘电阻不小于 $500\Omega/V$ 的要求。对于燃料电池电动汽车，若交流电路增加有附加防护，则组合电路至少满足 $100\Omega/V$ 的要求，附加防护方法应至少满足以下两种方法中的一种：至少有两层绝缘层、遮栏或外壳；或者是布置在外壳里或遮栏后，且这些外壳或遮栏应能承受不低于 10kPa 的压强，不发生明显的塑性变形。

通过电位均衡防护与 B 级电压电路直接接触的外露可导电部分，例如，可导电外壳和遮栏，应传导连接到电平台，且满足以下要求：外露可导电部分与电平台间的连接阻抗应不大于 0.1Ω；电位均衡通路中，任意两个可以被人同时触碰到的外露可导电部分，即距离不大于 2.5m 的两个可导电部分间电阻应不大于 0.2Ω。为了确保符合车辆系统的相应要求，对所有的高电压部件都要求具有同等电位的电阻值。在高电压部件的指定使用寿命（End of Life，EOL）结束之前，应满足保持等电位连接的电气电阻要求。所有高电压部件的导电外罩或外壳都需要足够的等电位连接。即使高电压部件符合双重或加强绝缘的要求，只要导电外罩或外壳被用来防止直接接触，也应满足等电位连接的要求。

如果车身是作为车辆电气底盘设计的,高电压部件与车身之间的等电位连接的电阻建议小于 40mΩ。如果车身是作为车辆电气底盘设计的,并且在高电压部件与相邻导电部件之间的等电位连接是为高电压部件设计的,建议等电位连接的电阻值小于 20mΩ。在高电压部件表面的任何位置与高电压部件的外壳之间的电阻,以及在该高电压部件上的等电位连接的连接点,建议阻值小于 10mΩ。

用作等电位连接方式的导体或接地母线应符合下列要求之一:

① 铜的等电位连接导体的最小的横截面面积,参照表 5-5 中所列的参数。

② 对于不含铜的等电位连接的方法,最小横截面面积的设计应具有等效的载流能力。

③ 在短路情况下,根据高电压系统的设计应考虑高压电流源过载的 I^2t 值,或应考虑高压电流源发生短路时的 I^2t 值。

表 5-5 等电位连接导体的最小横截面面积(参数适用于铜导体)

高压电缆的横截面 S/mm^2	等电位连接的最小横截面,导体或接地母线$/\text{mm}^2$
$S \leqslant 4$	4
$4 < S \leqslant 16$	S
$16 < S \leqslant 35$	16
$S > 35$	$0.5 \times S$

在规定的使用寿命中,等电位连接的紧固件不应松动。自攻螺钉(粗螺距螺纹螺钉)、自切螺钉不得用于等电位连接的电气连接。如果需要接触压力来建立电气连接,螺钉应旋入金属材料中或金属螺母至少四个完整的螺圈。为了达到要求的螺纹高度,在某些位置使用金属拉拔技术是允许的,在接头上的金属部分的厚度不得低于螺纹的三圈。接地端子的螺栓和整车地应有足够截面,接地螺栓最小直径按表 5-6 所列的相关规定。

表 5-6　保护接地螺栓最小直径

部件额定电流 I/A	等电位接地螺栓最小直径/mm
$I \leqslant 20$	4
$20 < I \leqslant 200$	6
$200 < I \leqslant 630$	8
$630 < I \leqslant 1000$	10
$I > 1000$	12

对于等电位螺钉接头应提供适当的防松措施,并能承受安装和维护拆卸过程中的应力。通过使用合适的螺钉旋具、扳手或特殊扳子,并施加一定力矩来进行此试验,力矩要求可参照各企业规范。如果在电气接触点表面有涂层,应符合下列要求之一:

① 接触点的涂层应采取适当的防止措施。

② 接触点的涂层随后应通过安装过程去除(刮漆措施)。

(4) 电气间隙与爬电距离

对于燃料电池系统高压电气间隙和爬电距离的要求应参考 GB/T 16935.1—2008,燃料电池堆阳极和阴极不受这些间隙和爬电要求的限制。

燃料电池系统设计中,可根据工作电压、过电压类别、海拔等级确定电气间隙,具体要求参见 GB/T 16935.1—2008 中的规定。

燃料电池系统设计中,可根据工作电压、环境污染等级、材料 CTI 值等确定爬电距离,具体要求参见 GB/T 16935.1—2008 中的规定。

当主电路与控制电路的额定绝缘电压不一致时,其电气间隙和爬电距离可分别按照其额定值选取。除非主电路或者控制电路导电部分之间实现安全隔离,否则具有不同额定值时,电气间隙与爬电距离应按照最高绝缘电压选取。

(5) 电气连接可靠性

正常使用条件下,与燃料电池的直接电气相连不应有明显受损。燃料电池模块终端应符合 GB/T 18290—2015(所有部分)、IEC 60512-15(所有部分)

和 IEC 60512-16（所有部分）规定。为保证良好的电接触，这些电气连接应防腐。导体应设计为防松动和扭曲，并能保持接触压力。金属部件之间不得有电化学腐蚀。针对使用、储存和运输等可能的场景，需通过适当的电镀或涂层工艺达到耐化学腐蚀。

电气连接的可靠性不仅取决于连接器件本身的材料、结构与几何尺寸等参数，还由于电气连接的接触点大多暴露在大气中，大气污染、尘土、腐蚀性气体、湿度、温度等都会直接影响连接可靠性。因此，电气连接时还应注意以下要求：

1）正确的电气连接安装工艺。从而保证连接导体的有效接触面积，减少接触电阻。

2）适当的紧固螺栓压紧力。根据连接导体的材料选择合适的螺栓力矩，压紧力并非越紧越好，超过临界值的压紧力会导致接触面部分变形隆起，反而使接触面积减小。

3）尽量使用相同材质的导体进行连接。不同材质的金属材料的膨胀系数不同，在工作状态下，随着温度的提升，两种材质的膨胀或收缩程度的差异产生蠕变，使接触面错开形成微小空隙而氧化。

4）保证插接器与导线的压接工艺，使用专用的压接工具进行压接，并需进行拉脱力测试。

5）高低压插接器应具有至少一级或二级锁止机构，保证连接不会失效。

6）燃料电池系统内部各回路电连接部分应具有有效的设计，建议采用螺纹胶锁死，以保证系统整个生命周期内连接阻抗的可靠性。

燃料电池系统内部各回路电连接部分的连接阻抗应具备明确的指标及检测方法，防止高电压连接的混淆，以便在生产、维护时进行检测。常见的预防方式如下之一或组合：①插头连接使用编码进行区别；②插头连接使用不同尺寸进行区别；③插头连接使用不同形状进行区别；④接近形状和尺寸的连接使用

"凹凸槽"避免误插。

燃料电池系统内线束高低压连接端子与电线应连接牢固，高压插接器的直接插接力或采用的助力装置的操作力均应小于100N。在进行误插接操作时，施加不大于表5-7所列的插接力，高压插接器不应损坏和机械匹配。

表5-7 不同工作电流下的插接力

最大工作电流 I/A	插接力/N
$I \leqslant 20$	100
$20 < I \leqslant 40$	200
$I > 40$	300

高压插接器的保持机构在工作状态下最小保持力的要求见表5-8。插接器处于插合状态，沿高压插接器接触端子分离方向施加拔出外力时，连接不应断开，且保持机构不得损坏。

表5-8 不同工作电流下的保持力

最大工作电流 I/A	保持力/N
$I \leqslant 20$	100
$20 < I \leqslant 40$	250
$I > 40$	500

插接器需要具有一个锁紧装置以避免分离或接触不良，高压插接器还应具有高压互锁功能。高压连接系统的功率和信号/控制端子应满足：高压连接系统连接时，功率端子先接通，信号/控制端子后接通；高压连接系统断开时，信号/控制端子先断开，经过操作人员另外一个有意识的操作解锁后，功率端子才能断开。

5.4 质子交换膜燃料电池系统制造、运输及安全影响因素

5.4.1 制造环境

燃料电池系统总装过程中，温度、湿度环境条件必须确定并得到保证。一般不允许出现超出温度、湿度极限的情况，为此应制定适当的应对方案。

必须控制燃料电池系统总装过程中的粉尘度，需要防止外来的颗粒物渗透到任何生产区域。生产系统需要防止金属磨损，如果不能防止金属磨损，应采取适当措施保证这些磨损产生的颗粒不进入生产过程。应对定期检测到的粒子进行常规分析，以确定粒子的数量、大小和组成，特别是在导电性（如金属粒子）方面。

装配燃料电池系统时，应满足安全和可靠性分析的要求，确保系统部件的单点故障不会导致危险情况发生；设计的手动装置应明确标识，可防止意外调节、启动与关闭。

生产厂房的防火、防爆设计建议符合 GB 50016—2014 和 AQ 4273—2016 的规定。部分生产车间的防静电设计可参照 GB 50611—2010 中的规范。废水、废气的排放设计应符合 GB 30484—2013 的规定，噪声控制建议符合 GB/T 50087—2013 的规定。

5.4.2 安装及制造工艺

根据 GB/T 25319—2010《汽车用燃料电池发电系统技术条件》对燃料电池发电系统的定义，典型燃料电池系统主要包括燃料处理系统、氧化剂处理系统、热管理系统、水管理系统、功率调节系统、自动控制系统、通风系统、燃料电池模块、增湿系统等子系统，如图 5-4 所示。各子系统通过管路、电气插头、固定螺栓以及密封件等连接成为一个具备执行指定功能的完整系统。

图 5-4 燃料电池系统边界

燃料电池系统的制造商可根据系统的实际性能和工作环境等条件自行确定安装工艺及规范，但应确保系统的整体可靠性和安全性满足下列要求：

1）在燃料电池系统设计制造时，应充分考虑其组件、配件的安装稳定性，以便在预定的运行条件下使用，降低发生翻倒、坠落或意外移动的风险。

2）所有燃料系统的部件和连接管线应安装牢固，并配有刚性支撑；如必要时，可使用防振支架，避免因振动而导致损坏、泄漏等故障。

3）所有燃料电池系统的部件都要采取适当的保护措施，且不应安装在燃料电池汽车的最外缘（安全泄压装置、排气管道除外）；可能排出或泄漏出氢气的出口应远离可能产生火花或高温的器件。

4）燃料电池系统中还应装有氢泄漏检测传感器，在系统总装结束后必须再次对供氢系统进行气密性检查。

5.4.3 运输

(1) 装卸、运输和存储对质子交换膜燃料电池系统的要求

质子交换膜燃料电池系统的设计应能承受或采取适当的预防措施后能承受-40~60℃的运输和储存温度。制造商也可根据电池的实际条件自行规定储存温度及湿度范围，但应在说明书中进行详细说明。

1）质子交换膜燃料电池系统及其部件应满足如下要求：

① 能够被安全地装卸和运输，在必要条件下应提供用起重机或类似设备进行装卸的适当方法。

② 设计和包装时应使其能够安全存储不受损坏（例如具有稳定性和特别加固等）。

③ 所有燃料系统、水管理系统和热管理系统的管路及线束应充分考虑其在安装运输和装卸过程的稳定性，必要时可采用额外的固定物或缓冲物，以保证其后续的安装精度和可靠性。

如制造商要求燃料电池系统应具有吹扫功能，在装卸、运输和存储系统前后应要对其进行吹扫。吹扫可使用制造商规定的介质，包括氮气、氩气和空气等。

质子交换膜燃料电池系统应适应汽车、火车运输。运输过程中，应防止剧烈振动、冲击，并采取防水、防尘、防火等防护措施，且需配备灭火器等消防设备；运输中应对电气接口进行保护，防止碰撞、跌落。电池系统应在通风、清洁、干燥的空间内储存，保证适宜的温度和湿度，燃料电池系统组装完成后应摆放在专用的储存架上；储存中燃料电池系统及相关部件的维护应按生产厂家提供的维护要求。如有特殊必要，制造商应说明燃料电池系统装卸、运输和储存的专门方法。

2）对包装的要求。燃料电池系统外露的电气接口、进出水管接口、空气进

气口、氢气进气口及相对应的系统出口，必须用工艺堵塞塞紧并密封。

正常情况下，燃料电池系统出厂一律用木制包装箱包装，箱体应能承受住所有装箱件重量，并有防潮、防雨等措施；在征得客户允许的前提下，可使用简易包装。

燃料电池系统在进行木箱包装前，原则上不另外进行木箱内的包装；如需进行木箱内的包装时，应将箱内包装的封装口朝上，再进行木箱封箱。

燃料电池系统包装箱内应有支架固定，以避免运输途中翻转。

燃料电池系统附属出厂资料（如有）、装箱清单（如有）、产品合格证（如有）应装入塑料袋内，并同燃料电池系统、随机备附件（如有）、工具箱（如有）一起牢固固定在包装箱地板上。

包装箱外面至少应注明：制造厂名称及地址；产品名称、型号、订货号（订单号、生产代号）；总质量（kg）；外形尺寸（mm，长×宽×高）；包装日期及有效封存期；有明显的"不得倒置""向上""小心轻放""防潮"等字样；有吊装标记。

3）对搬运的要求。燃料电池系统应设有供起吊装置用的起吊连接件，以便按制造厂的指示起吊整机或其他零部件。设计的起吊连接件应至少能承受按起吊连接件数量均分的1.5倍起吊重量。

起吊燃料电池系统时，应使吊绳、链条或皮带与燃料电池系统之间至少有20mm的间隙，除非在设计时就允许被吊零部件在起吊时可以与吊绳、链条或皮带接触而不致产生永久变形和损坏。

使用起吊连接件应便于安装吊钩或吊环；起吊连接件的设置应在起吊的燃料电池系统或其他零部件处于制造厂规定的正常位置，使吊绳、链条或皮带交于中心之上（如不使用横梁）。

运输前燃料电池系统应在运输车辆上固定牢靠，保证运输途中的颠簸不会引起燃料电池系统的滑动、摇摆、跌落，致使造成损坏。运输中应有防雨、防火措施。

（2）标识要求

燃料电池系统铭牌应清晰、耐久地标有下列信息：制造厂商名称、燃料电池系统型号、燃料电池系统序列号（系统唯一身份识别代码）、根据相应用途规定的额定功率、根据相应用途规定的电压平台、燃料电池系统制造年份（根据GB/T 20651.1—2018）、燃料电池系统IP防护等级。

燃料电池系统应配有系统的使用和维护信息。使用和维护须知应提供充分的信息使发动机能够安全运行，并对维护提出明确的建议，应将该信息整合在燃料电池系统的使用手册内。使用和维护须知应包括但不限于下列内容（根据GB/T 20651.1—2018）：①概述，特别是对燃料电池系统铭牌的描述及对调整点不可改动的说明；②有关废气、燃料和冷却液特性的一般信息；③有关在着火风险较高环境下限制使用的信息；④燃料电池的启动和停机；⑤低压供电系统的正确使用说明；⑥表面防护及特殊防护说明；⑦例行维护说明，涉及有关安全事项的需进行特殊说明；⑧残余液体（气体）的正确处置；⑨关于发动机安装和主要维修工作应由专业受训人员负责实施的说明；⑩所用备件影响到健康和操作安全的技术要求。

应对燃料电池系统上所有根据GB/T 3836.14—2014中规定被列为危险区域的部位进行标识（包括燃料电池发电系统标识和零部件标识），标识内容应符合GB/T 2894—2016的规定，如图5-5所示。

每个燃料电池系统都应配备有对应的数据铭牌和标签，在清楚说明使用前提的情况下尽可能保证易读性。具体内容如下（不限于）：①制造商、产品型号、生产日期及执行标准等信息；②系统尺寸、配重和安装方法；③详细的电气参数（包含加热电路），包括额定功率（额定热输出）、电压、电流类型等；④对人员存在潜在危险位置的警示标志（包括电气危险、氢气危险、高热部件和机械危害等）；⑤使用注意事项。

图 5-5 部分警告及指令标志示例

5.5 质子交换膜燃料电池系统测评技术

5.5.1 电性能测试中的氢、电安全测评

(1) 气体泄漏测试

根据 GB/T 27748.1—2017《固定式燃料电池发电系统 第 1 部分：安全》中 5.4 节和 GB/T 31037.1—2014《工业起升车辆用燃料电池发电系统 第 1 部分：安全》中 5.2 节规定的测试标准，对燃料电池系统进行气体泄漏试验。

在进行该试验前，应按照氢系统、空气系统、冷却系统进行分类。确定上述子系统在燃料电池系统正常运行过程中的实际压力，按照相应的设计要求，作为独立试验段分别加压。在试验段的入口处连接一个能够为气体介质提供试验压力的、合适的加压系统或稳压系统以及一个能够精确测量泄漏量的流量测量装置，测量装置的精度应满足 GB/T 23645—2009 中的相应规定（≤1%）。流量测量装置应位于加压系统和试验段之间，应通过合适的方法对试验段的出口进行密封。测试中，使所有功能部件处于开启位置，在试验段的所有部件上均

保持所要求的测试压力。

气体介质应逐渐进入试验段，以便试验段在大约 1min 内逐渐达到不低于表 5-9 所列的规定压力值。该压力应保持 30min 时间，试验过程中记录在此时间段内流量监测装置显示的任何泄漏量。

在自然通风的条件下，燃料电池系统在进行该项试验时气体泄漏量不得超过表 5-9 所列的规定极限值。

表 5-9　气体泄漏量试验要求

危险类型	试验类型	系统设计条件	试验参数	通过/失败判据
易燃	气压	所有压力	最大允许工作压力的（110% ±5%）	使用行业认可的检漏液无气泡且系统外壳内氢气泄漏量总和不超过 1%

（2）强度测试

根据 GB/T 27748.1—2017《固定式燃料电池发电系统 第一部分：安全》中 5.5 节的规定，强度测试包括气动强度试验和液压强度试验两部分。

采用与正常运行过程预期的气/液体组分接近的流体进行测试，测试压力达到规定值时，燃料电池系统部件应不出现破裂、断裂、变形或者其他可见的物理损坏和液体泄漏。

在进行该试验前，应按照氢系统、空气系统、冷却系统分类。确定上述子系统在燃料电池系统正常运行过程中的实际压力，按照相应的设计要求，作为独立试验段分别加压。必要时可通过便捷方法将被测试验段与燃料电池系统的其他部分隔开。此外，上述系统正常运转的定义应符合 GB/T 29838—2013 中的相应标准。

应在试验段的入口处连接一个能够为气体介质提供试验压力的、合适的加压系统或稳压系统和一个能够使得试验段充满规定压力液体介质的液压系统。

使所有功能部件处于开启位置，在试验段所有部件上均保持所要求的测试压力。此外还需要一个能够保持所需试验压力的压力测试装置。气/液介质应逐渐被加注到试验段，在 1min 内达到不低于表 5-10 所列的规定测试压力，该压力下至少保持 1min 以上的时间，然后将压力降低至设计压力。依据表 5-10 所列要求确定测试是否通过。

表 5-10 强度试验要求

危险类型	试验类型	系统设计条件	试验参数	通过/失败判据
氢气	气压	≥13kPa	1.3 倍设计压力	无破裂、断裂、变性或者其他物理损坏
		13kPa > P > 3.5kPa（燃料电池堆为大于 5.5kPa 小于 13kPa）	17kPa	无破裂、断裂、变性或者其他物理损坏
		≤3.5kPa（燃料电池堆为 5.5kPa）	5 倍设计压力（燃料电池堆为 3 倍）	无破裂、断裂、变性或者其他物理损坏
空气	气压	≥100kPa	1.3 倍设计压力	无破裂、断裂、变性或者其他物理损坏
		<100kPa	无要求	无要求
冷却介质	气压	≥1.1MPa 或者≥120℃	1.3 倍设计压力	无破裂、断裂、变性或者其他物理损坏
		<1.1MPa 且<120℃	无要求	无要求
	液压	≥1.1MPa 或者≥120℃	1.5 倍设计压力	无破裂、断裂、变性或者其他物理损坏
		<1.1MPa 且<120℃	无要求	无要求

(3) 欠气测试

根据 GB/T 29838—2013 中 5.15.2 节和 5.15.3 节的要求，进行欠气测试，测试包括燃料（氢气）饥饿测试和氧化剂（氧气）饥饿测试两部分。

燃料电池系统应以标称功率和正常运行参数运行至稳定状态后，将燃料/氧化剂减少到代表最坏情况的水平。

电压监测系统或其他安全系统应提供一个信号，用于在达到危险状态之前，将燃料电池系统转换到安全状态。

(4) 冷却缺失/损失试验

根据 GB/T 29838—2013 中 5.15.4 节的要求进行冷却损失试验。开始试验后，在制造商规定的最大允许功率输出及制造商规定的稳定条件下运行，将冷却液流（如果与氧化剂分开的话）立即停止，以模拟冷却系统出现缺失或受损等故障。在冷却损失的条件下，系统实现下列其中一种响应：①冷却剂断开后燃料电池系统在制造商规定的允许时间内运行；②在达到结构材料的使用温度极限之前，燃料电池系统因性能下降而关闭；③在达到危险状态之前，系统的安全装置提供信号将燃料电池模式切换到安全状态。

若在冷却缺失的条件下，燃料电池系统不能置于运行状态，则应被视为符合测试。

(5) 电气过载测试

根据 GB/T 27748.1—2017《固定式燃料电池发电系统 第 1 部分：安全》中的 5.7 节的试验规定，燃料电池发电系统应能够承受电气过载。

在高于额定电流的条件下工作一段时间，该系统不应有起火、振动、破裂、断裂、永久变形或者其他物理损坏的危险。

若制造商不准许较高的电流，则不应进行该测试。

(6) 触电防护

通常情况下，燃料电池系统上易触及的导电部件不应存在带电风险。为防止意外接触带电部件，燃料电池系统可根据 GB 18384—2020《电动汽车安全要求》的要求设计相应结构和防护外壳，系统的接触防护和间接接触防护要求应能通过上述标准 7.1 节中给出的触电防护试验要求。

（7）耐电压测试

燃料电池系统内部的绝缘体应有足够的耐电压能力，在进行 GB/T 18384.3—2015 中规定的耐电压试验中，系统不应发生绝缘击穿或电弧现象。

（8）绝缘要求

对于任何 B 级电压电路的带电部件应采取绝缘措施，提供危险接触的防护，绝缘措施包括但不限制于基本绝缘或遮挡/外壳或多种绝缘方式组合，无论采用何种方式都应达到 GB 18384—2020 规定的要求。同时，根据 GB/T 31037.1—2014《工业起升车辆用燃料电池发电系统 第 1 部分：安全》中 5.5 节的规定，燃料电池系统 B 级电压电路在按照 GB/T 16935.1—2008《低压系统内设备的绝缘配合 第 1 部分：原理、要求和试验》所给出的测试方法进行测试，电阻值检查结果如符合表 5-11 所列参数，则认为符合规定。

表 5-11 绝缘电阻要求

设备类型	测量阶段最小瞬间绝缘电阻	测量阶段计算最小绝缘电阻
Ⅰ类设备	0.1kΩ/V	1kΩ/V
Ⅱ类设备	0.5kΩ/V	5kΩ/V

注：绝缘电阻按照发电系统的额定电压计算。

5.5.2 机械振动、冲击测试中的安全测评

燃料电池系统激励源主要是由于汽车行驶过程中路面的不平整造成的，路面的激励频率大部分集中在低频端，燃料电池系统设计中应据此考虑燃料电池

系统的整体固有频率。

根据 GB/T 31037.1—2014《工业起升车辆用燃料电池发电系统 第 1 部分：安全》中 5.3 节的规定，燃料电池系统应具有一定的抗冲击振动的能力，保证正常使用、运输或储存过程中产生的冲击振动不会对系统各个部件产生损害。按 GB/Z 18333.1—2001 中的规定进行试验后，若燃料电池系统能正常启动和运行，则可认为通过测试。

5.5.3 高、低温存储及冷冻/解冻循环测试中的安全测评

（1）高、低温存储测试

试验参考 GB/T 33979—2017，具体要求如下：

1）低温（高温）存储试验前应保证没有泄漏、绝缘、耐高压问题。

2）常温下进行气密性、极化曲线测试，确定试验前系统性能。

3）试验前按照制造商规定的关机程序进行关机，系统置于低温（高温）存储试验环境温度中，静置 12h 以上，至系统内温度达到预定的储存温度。

4）试验环境温度升至室温，静置 12h 以上。

5）重复以上过程，共 2 次。

6）观察系统各部件壳体和封装安装固定部件是否出现裂缝、扭曲变形等缺陷。

7）常温下进行气密性、极化曲线测试，确定试验后系统性能。

需要注意的是，在上述试验过程中，人员应尽量避免进入环境舱，以免造成人员伤害。

（2）低温气密性测试

试验参考 GB/T 33979—2017，具体要求如下：

1）低温气密性测试前应保证没有气密性、绝缘、耐高压问题。

2）气密性测试管路连接好后，将系统置于低温环境温度中，将管路引出环境舱。

3）试验前按照制造商规定的关机程序进行关机。常温下进行气密性试验，确定试验前系统气密性。

4）系统置于低温存储试验环境温度中，静置12h以上，至系统内温度达到预定的储存温度。

5）低温下进行气密性试验，确定试验后系统气密性。

需要注意的是，在上述试验过程中，人员应尽量避免进入环境舱，以免造成人员伤害。

(3) 低温启动测试

试验参考 GB/T 33979—2017，具体要求如下：

1）低温启动前应保证没有泄漏、绝缘、耐高压问题。

2）低温启动前应保证系统已通过低温气密性试验。

3）系统正常稳定运行情况下，按照制造商规定的关机程序，对低温存储前的系统进行关机。

4）将系统置于低温存储试验箱中，按试验要求设置试验箱温度，静置12h以上。

5）将系统在低温试验环境中，按照制造商规定的低温启动程序启动，记录达到额定功率输出的时间、气体消耗及相关的电流、电压。

6）将系统在额定功率输出稳定运行10min（功率加载误差≤2%）。

7）重复上述步骤，达到连续成功启动2次。

8）常温下进行气密性、极化曲线测试，确定系统性能。

需要注意的是，在上述试验过程中，人员应尽量避免进入环境舱，以免造成人员伤害。

（4）解冻测试

解冻测试仅适用于存储温度或工作温度低于 0℃ 的质子交换膜燃料电池系统。在以稳定方式正常运行后，应关闭燃料电池系统，然后将燃料电池系统冷冻在制造商指定的最低环境温度条件下。冷冻后，根据制造商的规定升温速率使其解冻，直至系统内最低温度达到 10℃。冷冻/解冻温度也可参照 GB/T 33978—2017《道路车辆用质子交换膜燃料电池模块》6.13 节中的推荐值。该冻结/解冻循环重复 10 次之后，应重复进行泄漏测试。

5.5.4　电磁兼容测试中的安全测评

根据 GB/T 27748.1—2017《固定式燃料电池发电系统 第1部分：安全》中 4.8 节的要求，燃料电池发电系统不得在其预期使用处，产生超过规定水平的电磁干扰，并且系统中的电气设备应对电磁骚扰有足够的抵抗能力以便在其工作环境中正确地运行。

燃料电池系统必须满足电磁发射和抗扰度试验要求，具体的要求见表 5-12。

表 5-12　燃料电池系统 EMC 测试标准与要求

试验类别	端口	试验项目	参考标准及技术要求
发射类	ETU	辐射发射	满足 GB/T 18655—2018 中的表 7
	信号线	传导发射-电流法	满足 GB/T 18655—2018 中的表 6
	电源线	传导发射-电压法（LV 和 HV）	低压端满足 GB/T 18655—2018 中的表 5；高压端满足 GB/T 18655—2018 中附录 I 的表 I.1
		瞬态传导发射（LV）	满足 GB/T 21437.2—2008 附录 C 等级 3

（续）

试验类别	端口	试验项目	参考标准及技术要求
抗扰类	EUT	辐射抗干扰（ALSE 和 BCI）	根据 GB/T 33014.2—2016 和 GB/T 33014.4—2016，进行测试，频率：20MHz～2GHz，等级：60mA 和 100V/m，功能特性状态等级为 A
		静电放电抗扰度	采用表 GB/T 19951—2019 中的 C.1、C.2、C.3 中类别 2 试验严酷等级 L3 进行试验；样品不通电时、样品通电时、间接放电时的功能特性状态等级分别为 C、A、A
		磁场抗扰度	按照 ISO 11452—8：2015 附录 A.1 的等级Ⅲ进行测试，产品功能特性状态等级达到 A
		便携式发射机抗扰度	按照 ISO 11452—9：2012 中的表 A.1 施加骚扰；产品功能特性状态等级为 A
	电源线	沿电源线的电瞬态传导抗扰度（LV）	按照 GB/T 21437.2—2008 中的表 A.1 和表 A.2 中等级Ⅳ施加骚扰，在波形 1、2a、2b、3a、3b、4、5a、5b 骚扰下，对应的功能特性状态等级分别为 C、A、C、A、A、C、C、C
	信号线	沿信号线的电瞬态传导抗扰度	采用 GB/T 21437.3—2012 中的表 B.1 和表 B.2 中 CCC 模式以及等级Ⅳ的骚扰，产品功能特性状态等级达到 A

5.5.5 报警与关机测试

根据 GB/T 31037.1—2014《工业升起车辆用燃料电池发电系统 第 1 部分：安全》中 5.8 节的规定，燃料电池系统在进行下列报警与关机测试过程中，系统应能实现相应的响应（包括显示器、声音和灯光警告以及自动关机、安全联锁等）。

(1) 氢气泄漏或氢气积聚情况下的燃料电池发电系统报警与关机试验

本试验应对安装在燃料电池发电系统内的每个氢气浓度传感器分别进行。按照制造商规定的程序启动燃料电池发电系统后,燃料电池发电系统处于正常工作状态。氢气探测器的测试条件为1%和2%,可以选用以下方法达到:

1) 将氢气浓度传感器放置在一个容器中,该容器内的氢气浓度可以调节和控制。

2) 根据氢气浓度传感器的信号输出特性,用一个信号发生器取代氢气浓度传感器,向系统输入与测试条件相对应的信号。

当测试的条件为氢气浓度达到1%时,燃料电池发电系统应可以正常工作,但是控制系统应在10s内通过显示屏、声音或灯光的方式警示操作者。维持该测试条件10min,警示信号应持续工作。

当测试条件为氢气浓度达到2%时,燃料电池发电系统的控制系统应在10s内自动切断氢气供应源并自动关机。自动关机后,将氢气浓度降到0.8%以下,在没有人工复位的情况下,燃料电池系统不能正常启动。

(2) 紧急关机与启动试验

本试验开始时,按照制造商的规定程序启动燃料电池发电系统,燃料电池系统应处于正常工作状态。触发本机上的紧急关机按钮,燃料电池系统的响应满足如下要求:

1) 应能触发系统的安全联锁装置,应能自动切断氢气的供应和电输出。

2) 应不会造成燃料电池发电系统的额外故障。

3) 应优先于燃料电池发电系统所有模式下除安全保护以外的功能和操作。

4) 应不会在燃料电池发电系统重启初始化过程中被自行复位。

5) 若系统配有重启锁定装置,则仅当重启锁定装置被有意复位后,一个新的启动命令方可起作用。

完成紧急关机后,在没有人工复位的情况下,系统应不能正常启动;系统重新启动开始运行应建立在燃料电池发电系统故障排除且所有安全装置均已被有意复位并开始工作的前提下。

(3) 燃料废气排放口堵塞自动关机试验

按照制造商规定程序启动燃料电池发电系统,燃料电池发电系统应处于正常工作状态。堵塞燃料电池发电系统的燃料废气排放口,当排放口因堵塞导致压力过高,达到制造商设定的值时,燃料电池发电系统应能自动监测到系统的非正常运行情况,自动关机,并切断氢气的供应源。故障排除后,燃料电池发电系统应能正常启动。

(4) 电路过流报警与关机试验

提供超过额定输出电流100%的过电流信号至燃料电池发电系统,电路短路保护装置应启动,同时控制系统应立即通过显示屏、声音或灯光等方式警示操作者,并且应能自动切断发电总输出或自动关机。

第 6 章　燃料电池电动汽车应用、操作、维护及基础设施

Chapter Six

1. 从应用、运营、维护及基础设施等角度阐述了燃料电池电动汽车相关的安全问题。

2. 燃料电池电动汽车日常使用安全注意事项，燃料电池运营车辆的管理技术；分析了燃料电池电动汽车加氢过程中的安全技术，介绍了燃料电池电动汽车紧急情况的处理措施，燃料电池电动汽车检修与维护注意事项。

3. 从安全设计、建设过程、运营及管理等不同阶段，介绍了燃料电池电动汽车加氢基础设施的安全要求。

前文主要侧重于燃料电池电动汽车整车、车载氢系统、燃料电池堆及系统的设计、制造相关的安全问题讨论。本章则围绕燃料电池电动汽车在使用过程中的安全问题。结合目前的技术水平，从汽车应用、操作、维护及相关基础设施等方面提出相关安全要求，确保在用车环节的安全。

另一方面，目前国内燃料电池电动汽车的使用，不管是货运还是客运都主要为商业运营服务，形成该局面的一个重要原因是现阶段民众对于氢燃料电池安全仍有顾虑。因此，本章中进一步提出一些关联前端设计生产阶段的安全要求，从而推进商用民用两线并进的发展趋势。

6.1 燃料电池电动汽车日常使用安全注意事项

6.1.1 燃料电池电动汽车行驶过程中的安全

(1) 行车前后的日常检查

如同其他所有车辆一样,每次出车前驾驶员都需要对燃料电池电动汽车进行必要的日常检查,主要包括巡视车辆四周环境及车辆外观、车辆灯光是否正常、车窗玻璃及各后视镜状态是否正常、胎压是否正常、制动片状态是否正常、燃料电池运行状态是否正常,以及车辆余氢及余电数等基本车况信息。此外,货运车的货箱以及乘用车的座位是否清洁、是否有异常也必须检查。

除以上常规检查,对于燃料电池运营车辆,运营驾驶员还需要在出车前对燃料电池电动汽车上裸露在外的供氢系统部件做目视检查,主要包括目测高压储氢瓶表面是否有损伤、连接管路和主要接口是否完好,以及氢系统框架是否有裂缝、变形等异常现象。另外,在管路供氢状态下使用肥皂水或检漏液检查氢系统的气密性,主要包括加注接口、加注口压力表、主电磁阀、减压阀、安全阀、放空阀及各接头等,用于提前发现和防止由于设备原因导致氢气轻微泄漏事故。

每次行驶完毕,驾驶员需要对车况做复检,主要包括:车辆外观是否正常、车辆供氢系统的外露管路及接口是否正常、氢系统的框架结构是否正常、货运车的货箱及乘用车内是否有异常的人或物品遗留等,确认是否影响到车辆的停放安全。

(2) 行车及用车过程中的安全

燃料电池电动汽车驾驶员必须遵守国家交通法规,避免交通违法行为是对行车用车安全的基本保障。

车辆应严格按照整车产品使用说明书操作。对于燃料电池运营车辆，驾驶员在上岗之前必须接受针对燃料电池电动汽车的使用专业知识培训，学会使用车辆，学会认识必要的车上标识，以便提高行车及用车安全。

燃料电池电动汽车启动后，应先查看仪表中的气瓶压力和温度数据是否正常，有无故障报警，确认无故障后车辆方可起步行驶。

燃料电池电动汽车的底部遍布电子元器件，且很多涉及高压线路，对潮湿的空气及溅水较为敏感，因此在日常行车中应尽量避免涉水行驶。涉水行驶轻则可能因高压绝缘故障导致车辆抛锚，重则会对车辆的重要高压部件造成不可逆的损坏甚至当场报废。

遇积水达到车辆限定涉水深度的50%时，建议限速20km/h行驶，防止水波及溅水的冲刷导致车辆故障损坏；遇积水达到车辆限定涉水深度的70%时，建议绕行，如必须通过，建议限速5km/h行驶，并观察水位是否上升，防止涉水深度超过车辆规定的涉水深度。对于有涉水经历的车辆，事后需尽快联系车辆维修部门进行车辆检查，排除隐患。

氢燃料电池货运车除经过特殊设计改造的，不得承运易爆易燃、易腐蚀物品以及《危险货物运输规则》列明的危险物品。严禁驾乘人员携带易燃易爆等物品上车，避免发生火灾，引起氢气泄漏、爆炸等次生灾害。

对于燃料电池公交车，如果其储氢瓶组位于车辆顶部，车辆在行驶过程中需注意限高杆、路牌、桥梁和树杈等，防止刮伤气瓶及其组件导致氢气泄漏。

车辆在行驶过程中，驾乘人员要及时关注车辆仪表报警的情况，发生氢气泄漏等问题时，要及时处理。

6.1.2　燃料电池电动汽车停车中的安全

在当前的技术条件下，燃料电池电动汽车建议单独存放，与内燃机及纯电动汽车分开停放并确保车辆外观整洁干净。同时，如果场地内有载货车辆，也需要将燃料电池电动汽车单独停放，与其他空车分区域停放管理。

氢燃料电池车辆气瓶中如已加注氢气的，建议停放于露天场地，确保场地、通道通风条件良好。

停车场地需确保通风条件良好，场内通道必须确保畅通，不得堆放其他杂物。停车场应远离加油站、加气站、热源、潮湿、可燃设施/可燃物质堆放区域、有腐蚀性气体以及灰尘较大的地方。同时还应避免其他车辆或移动的物体对车辆造成撞击或挤压，防止意外事件的二次影响。

对于大规模停车场，建议配备24小时专职安保人员，并设定全天候的巡查安保制度。场地内设置合理的监控设施，确保场内无死角。场地内需注明行车导流标志，临时停车、维修车位、充电停车等区域建议与常规的停车区域分开，做到分区管理。燃料电池电动汽车停车场地内不得设置人员宿舍，外来人员及车辆进出必须做好相应的登记工作。

场地内停有燃料电池电动汽车时，尽量减少停车场地内的车辆维修，严禁对场内周边建筑物做明火、切割、装修等作业。燃料电池电动汽车停车场地内，禁止吸烟，并在醒目位置张贴禁烟标志。如有需要，必须在场地内设立独立的吸烟区并远离停车区域至少10m。如条件允许，燃料电池电动汽车场地外张贴禁止燃放烟花爆竹标志。专用停车场应排水、通风良好，不能选择低洼地区做停车场。场地极端积水高度不得高于车辆涉水高度的一半。

燃料电池电动汽车存放期间，车辆加氢口必须盖上帽盖，防止雨水及灰尘的侵入，同时必须确保加氢口舱门处于锁闭状态。

任何车辆进入停车场地后，行车速度建议限速5km/h，停车时建议车头向通道，同时需要兼顾前后左右车辆方便进出，以及确保各处车门均能正常开启。

车辆在停放期间，需要确保车辆的排氢管路畅通，不得使用如油布之类的覆盖物，避免因空气不流畅导致微量外泄的氢气聚集，从而引发安全事故。

燃料电池电动汽车的停车场地，应避开高压电线及变电站等电力设施，电力设施可能产生的火花对燃料电池电动汽车的存放具有较大安全隐患。

停车场内按规定配置有效的消防器材及灭火设备，未经批准，严禁对车场内的灭火器材及设备私自挪用或改变用途。每月对停车场消防器材进行检点，发现问题及时整改。停车场内应按规定配置不小于 35kg 的推车式干粉灭火器，设置密度不小于每 50 个车位一套。大型停车场内还需配置固定的消防栓+消防箱（50m 消防水带 1 根、灭火水枪 1 具），设置密度不小于每 200 个车位一套。停车场每年至少举行一次大型消防演习及消防安全大检查，重点检查车辆停放场所的消防通道、消防设施、消防标识、安全制度是否达到技术规范要求。力求通过消防演习和消防大检查，加强公司全员消防安全意识，做到保安全促效益。

对于运营用燃料电池车辆，建议集中存放，集中管理，存放位置要远离加油站、加气站、热源、火源、腐蚀性气体、非密闭空间、潮湿的地方，同时还应避免尖锐物体的撞击、挤压。

若燃料电池电动汽车存放于厂房、车库等非露天环境，则存放场所顶部应有自然通风或强制排风等防止氢气聚积的措施，厂房内电器设备应采用防爆设备，且厂房顶部应配备氢泄漏探头等安全监控装置。

整车存放前注意按照燃料电池正常关机程序进行吹扫，保证堆内无残留水分；整车存放前需对存放车辆进行测漏，存放期间每月至少测漏一次。预期存放时间超过一个月的车辆应断开快断器；长期停驶存放的汽车应关闭电源主开关，车上氢燃料储存压力应释放至厂商规定的最低值。对于运营车辆，如果长期停驶存放的，应由专业人员定期对车辆进行检查、维护。检测结果应详细记录并存档。停车过程中，整车断开低压电源，所有舱门应锁好，所有门窗应关好。

燃料电池电动汽车临时停车时，应尽可能将汽车停靠在不影响其他车辆行驶的场所，尽可能远离火源、热源、高压线、易燃、易爆物等危险物品。

6.2 燃料电池电动汽车加氢过程中的安全

6.2.1 氢气质量要求

燃料电池电动汽车加注的氢气纯度必须满足 ISO 14687-2：2012《质子交换膜（PEM）燃料电池在道路车辆上的应用 第2部分：氢安全和其他安全》的要求。表6-1列出了标准中规定的氢气组分及可允许的杂质含量要求。

表6-1 氢气组分及杂质含量

分类	规格	单位
气态氢	纯度≥99.97	%
非氢气体总量	300	μmol/mol
氨气（NH_3）	≤0.1	μmol/mol
二氧化碳（CO_2）	≤2	μmol/mol
一氧化碳（CO）	≤0.2	μmol/mol
甲醛（HCHO）	≤0.01	μmol/mol
甲酸（HCOOH）	≤0.2	μmol/mol
甲烷（CH_4）	≤100	μmol/mol
氮气（N_2）	≤100	μmol/mol
氧气（O_2）	≤5	μmol/mol
氦（He）	300	μmol/mol
总氮（N_2）和氩（Ar）	100	μmol/mol
总烃类化合物（不包括甲烷）	≤2	μmol/mol

(续)

分类	规格	单位
总含硫化合物（H_2S、COS、CS_2）	≤0.004	$\mu mol/mol$
总卤化合物（按卤离子计）	0.05	$\mu mol/mol$
水（H_2O）	5	$\mu mol/mol$
颗粒尺寸	≤10	μm

6.2.2 加注车辆检查

加氢站建立加氢安全检查表，检查包括加氢前到加氢后整个过程，要求加氢人员严格对照安全检查表对气瓶瓶体、供氢管路、阀门接口、管路连接件等部件做充装前、后检查，并记录检查结果。以下详细介绍加氢安全检查的基本内容，建议在此基础上依照实际情况予以调整扩展。

（1）加氢前的检查

1）车辆资质检查：确认加氢车辆是否携带了在有效期内的气瓶《特种设备使用登记证》原件，如不符合规定则不予充装。

2）检查车况，确认是否符合充装要求，具体如下：

① 检查气瓶及其附属的框架外观，是否有凹陷、鼓包、裂纹、变形等状况。如发现异常情况，应立刻联系运营公司及气瓶维修检测公司，要求其对气瓶做相应的检测及维修，并暂停车辆后续的加气计划，直到气瓶维修确认后才予以恢复充装。

② 检查气瓶内残余氢气，一般压力不低于20bar（2MPa）方可允许充装。低于20bar的情况，属于异常，需要确认是否为新瓶首次使用或者大修、检测后的首次使用。对于首次使用的储氢瓶，应先进行氮气和氢气置换，然后才可正常充装使用。

③ 检查气瓶的配套管路接头是否有松动或脱落现象，用经过校准且在有效期内的便携式氢气探测仪对气瓶的各个接头和附件进行泄漏检测，如仪器显示为0，表示检测点无泄漏。如仪器有读数，表示检测点存在疑似氢气泄漏现象，应立刻联系运营公司（对于运营车辆）及气瓶维修检测公司，要求其对涉及异常的管路及阀门接口做相应的检测及维修，并暂停车辆后续的加气计划，直到气瓶维修确认后才予以恢复充装。

④ 目测瓶组进出口的压力表是否完好无损，如果存在压力表损坏或压力表没经过校验，应立刻联系运营公司及气瓶维修检测公司，要求其对压力表做相应的检测及维修，并暂停车辆后续的加气计划，直到气瓶维修确认后才予以恢复充装。

⑤ 引导驾驶员远离加氢区域，进入相应的驾驶员等候区域，待车辆加氢完毕后方可返回车辆驾驶室。加氢前驾驶员应离开驾驶室，取下车辆钥匙，注意检查车内是否有乘客，确保所有人员离开车辆。

⑥ 车辆在指定停车线内停放，保持本车与加氢机的安全距离，并设立相关标识及警戒线。

⑦ 车辆到达加氢车位后，应关闭燃料电池系统、关闭低压电源总开关、拉紧驻车制动，确保车辆停靠平稳，避免出现溜车等现象。确保车辆断电熄火并拔下钥匙。在车辆后轮放置前后轮挡，并对车辆进行静电接地处理，并确认车辆导静电接地装置是否正常连接。

⑧ 检查车辆仪表参数，高压储氢瓶内含氢气气体的温度必须小于45℃，否则严禁开始新一轮的加氢。

⑨ 检查车辆上次加氢记录，状态是否正常，如异常没有得到完全解决，禁止进行新一轮的加氢。

（2）加氢过程中到加氢后的检查

氢气充装过程中需时刻关注气瓶压力表的数值与上升速度，气瓶压力不得超过气瓶设计的压力值。

充装过程中需时刻关注气瓶外观，是否出现鼓包变形等影响安全使用的严重缺陷。如发现异常情况，应立刻停止加注并联系运营公司（对于运营车辆）及气瓶维修检测公司，要求其对气瓶做相应的检测及维修，并暂停车辆后续的加气计划，直到气瓶维修确认后才予以恢复充装。

充装过程中需时刻关注气瓶的瓶体温度，气瓶温度在85℃以内为正常。如瓶体温度超标即为异常，应立刻停止加注并联系运营公司（对于运营车辆）及气瓶维修检测公司，要求其对该车气瓶做相应的检测及维修，并暂停车辆后续的加气计划，直到气瓶维修确认后才予以恢复充装。

检查充装完成后的气瓶配套管路接头是否有松动或脱落现象，用经过校准且在有效期内的便携式氢气探测仪对气瓶的各个接头和附件进行泄漏检测，如仪器显示为0，表示检测点无泄漏。如仪器有读数，表示检测点存在疑似氢气泄漏现象，应立刻联系运营公司（对于运营车辆）及气瓶维修检测公司，要求其对涉及异常的管路及阀门接口做相应的检测及维修。

充装完毕，需将加氢口防尘帽归位并确保盖好，将加氢口舱门关闭，并确保处于锁闭状态。

车辆下线第一次加氢或检修供氢系统后第一次加氢，供氢系统应该先置换氢气，并对管路进行氢气保压检漏。

在加注氢气完毕之后，驾驶员应确认加氢枪和静电接地线已拔下，加氢口压力表读数在正常范围内，加氢口防尘罩已归位，并将加氢口舱门锁好。驾驶员上车后，先查看仪表中的气瓶压力和温度数据是否正常，有无报警故障，确认无故障后启动车辆，驶离加氢站。

6.2.3 氢气加注步骤

（1）通用步骤

加氢操作人员首先对照安全检查表对气瓶瓶体、供氢管路、阀门接口、管路连接件等部件做充装前、后检查，并记录检查结果。以下为气瓶安全检测及氢气加注作业流程：

1）加氢员佩戴合适的个人防护用品（Personal Protective Equipment，PPE），触摸静电释放装置，进入加氢区域。

2）引导加氢车辆进入加氢特定区域，记录车载仪表相关数据，驾驶员将车辆熄火，断电，拔下车钥匙，并进入指定等候区域。

3）加氢车后轮放置前后轮挡，对加氢车进行静电接地。

4）对加氢车气瓶进行检查，瓶内余压要不小于20bar且气瓶《特种设备使用登记证》在检验有效期内，才允许予以加注氢气。

5）加氢员用便携式氢气检测仪对车辆受气口及其附属连接管路进行检测，如有疑似泄漏情况，拒绝加氢。

6）加氢枪头接入加氢口，手动将开关拨至"ON"。

7）操作加氢机键盘按钮，开始加氢。

8）加氢完成后电脑控制器自动停止加氢，如不需要加到设定压力，也可按停止键手动停止加氢。

9）加氢枪开关拨至"OFF"，取下加氢枪，盖好加氢枪枪口防尘帽，放回枪座。

10）盖上车辆加氢口防尘帽，解除加氢车的静电接地，移除后轮前后轮挡。

11）对车辆做加注后安全检查，并记录检查结果。

12）记录加氢数据。

13）驾驶员将车辆驶离加氢区域。

(2) 撬装式加氢的操作步骤

对于撬装式的加氢，其操作步骤如下：

1）将加氢设备的接地线与加氢口接地模块进行有效连接。

2）采用进气软管将氢气集装格的出气口与增压设备上低压进气口相连接，使用专用铜制工具进行紧固。

3）利用驱动气体（如压缩空气或氮气），经过气管与增压设备上的驱动气体入口相连接。

4）用加氢枪连接到车辆加氢口，旋转加氢枪上面操作手柄至 ON 位置，微拉加氢枪确认是否连接牢固。

5）各项准备工作完成后，调节驱动气体减压阀，驱动气体压力表显示读数达到规定值（7bar 左右）。

6）确认相关阀门已经开启，加注设备处在正常状态中，缓慢开启储氢瓶阀和进气针阀，再慢慢打开高压出口球阀，氢气流经管路阀门及增压设备进入车载高压储氢瓶。

7）当车载高压储氢瓶压力与氢气气源压力达到平衡点时，打开增压设备上面驱动球阀进行增压加注。

8）加注过程中操作人员不得远离加氢设备，但出于安全考虑，应尽量避开加氢口。仔细听加注过程中的声音变化及有无异响，注意周围环境有无异常及是否存在安全隐患，注意观察燃料电池车辆的氢系统压力表压力数值，直至达到目标加注压力。

9）当增压到指定加注压力时，关闭驱动球阀和储氢瓶阀。

10）缓慢打开高压放空球阀，从而放空增压设备到加氢枪之间管路的气体。

11）气体放空完成，将加氢枪上面操作手柄旋转至 OFF 位置，退出加氢枪并放回原位。

12）按次序确保进气针阀、高压出口球阀、高压放空球阀处于关闭状态，氢气加注结束。

13）使用便携式氢气检漏仪检测加氢口是否存在氢气泄漏情况。

14）将加氢口上的防尘罩复位，观察加氢口上压力表读数正常，并记录。

15）通知驾乘人员，待驾驶员和加注人员签字确认，取下静电接地线，将加氢口舱门锁好，引导驾驶员将车辆驶离加注站。

(3) 移动式加氢设施加氢

利用移动加氢车或移动撬装式加氢设施上的储氢装置，通过移动式加氢设施上的增压装置进行增压，增加储氢瓶加注压力，通过加氢设施上的氢气加注装置，给车辆进行快速加氢。加氢具体操作需满足 GB/T 31139—2014、GB 4962—2008 中规定的使用要求，车辆服从加氢现场管理人员的引导指挥，并做好加氢记录。

(4) 加氢站加氢机加氢

利用加氢站储存高压氢气进行加氢时间短，约 5~15min，采取平衡加注方式可以连续加注多个车辆。加氢时，将加氢枪与车辆加氢口连接好，设定加注氢气质量或金额，达到设定条件或高压储氢瓶压力达到储氢瓶加注压力，加氢机自动停止加注。

燃料电池电动车辆在加氢站加注氢气时，车辆进出及驾驶员操作应遵守加氢站的管理规定，服从加氢站管理人员的引导指挥，并做好加氢记录。

6.2.4　氢气加注过程中的安全注意事项

按规定做好加氢前、加氢后的站内安全检查，并做好记录。对于异常情况车辆，严禁加氢作业。

加氢之前确认车辆熄火、下电、拉紧驻车制动，并在后轮放置前后轮挡；严禁在整车未断电、静电导出线未连接的情况下进行加注。

加气过程中时刻关注气瓶压力与气瓶状态，发现任何异常立刻停止加气并安排车辆气瓶检测维修，在异常情况未排除之前该车辆不得再次进行加注作业。如加气过程中发现气瓶漏气情况，除停止加气，还需立刻启动站内车辆氢气泄漏事故应急处理预案。

指定驾驶员等候区域，加氢过程中驾驶员必须处于安全区域内，既有利于加氢过程中的车辆及站内设备安全，也对驾驶员个人安全有利。

制定加氢车辆驾驶员操作安全指南，包括加氢车辆及驾驶员进出登记规范、站内区域行车路线、站内区域道路限速、站内禁止吸烟及禁止使用电子设备等，并在站内显著位置公示相关规定，并依证据对违规驾驶员做出相应的处罚。

参考监管部门相关规定，加氢站人员必须经过正规培训并持证上岗，严禁非专业人员操作；专业人员操作需遵守相关规定。

加注过程中，禁止无关人员进入加注现场。

严禁在密闭的场地进行氢气加注。

严禁加注压力超出系统最大加注压力。

进行氢气加注时，储氢瓶瓶阀中的手动截止阀应为开启状态，在非特殊情况下严禁关闭气瓶阀上的手动截止阀。

PRD 口应保持通畅，不应该有物体妨碍氢气排出，出口防尘帽应无脱落。

严禁随意调整减压阀出口压力，严禁随意调整安全阀，严禁随意打开排空针阀。

6.3　燃料电池运营车辆的管理

燃料电池电动汽车运营企业需依据《中华人民共和国安全生产法》《中华人民共和国道路交通安全法》《中华人民共和国公路法》《中华人民共和国道路运输条例》《道路运输从业人员管理规定》《道路运输车辆燃料消耗量检测和监督管理办法》《国务院关于进一步加强企业安全生产工作的通知》《交通运输突发事件应急管理规定》《道路运输车辆动态监督管理办法》《道路运输车辆技术管理规定》等的有关规定，结合企业自身情况制定相关的安全生产责任制度。该制度旨在加强企业安全生产管理工作，预防和减少运营车辆安全生产事故，确保人民群众生命财产安全。该制度应主要包含以下内容：企业主要负责人及安全管理部门负责任人岗位责任制度、安全员及驾驶员岗位责任制度、安全生产操作及监督检查规程制度、相关从业人员安全管理制度、运营车辆及生产设施设备安全管理制度、交通事故及交通违法行为处理规章制度、用氢安全规定及各紧急情况下的应急预案、GPS系统监督管理制度、安全生产费用提取和使用管理制度、安全例会制度、安全生产考核与奖惩制度、安全生产值班制度等。

燃料电池电动汽车运营公司需按自身实际情况，每年制定安全生产方针目标，确定下一年的安全生产控制指标，明确运营公司安全工作的目标，确保重大事故为零，一般事故率逐年降低，努力实现"零事故、零伤害、零损失"。

运营企业需安排承租人及车辆驾驶员分别签署"企业安全承诺书"以及"驾驶员安全承诺书"，对运营公司内部人员定期（一般每月一次）做安全培训，并且按员工岗位不同，签署对应的"安全管理人员责任书"。

建立与实施车辆驾驶员培训机制，以及驾驶员信息台账，汇总培训教育、随机抽查、上门拜访、车队自查等信息来源，及时更新驾驶员信息，为驾驶员跟踪管理打好基础。

对初次驾驶燃料电池电动汽车的驾驶员必须进行资质审核，确保车辆的驾驶员具有有效的货运（或客运）行业从业资格证书以及与车辆相符的驾照级别。驾驶员资质审核通过后，必须对驾驶员做岗前培训，包括车辆基本驾驶技能考核、燃料电池电动汽车技术特点宣导及操作要领指导、基本安全法规宣导等。如驾驶员培训不合格，不予支持氢能源车辆驾驶资格。

对于在运营车辆的驾驶员，每月组织对其进行安全教育培训，并做好培训记录及培训台账。驾驶员的安全教育培训主要包含以下内容（可根据实际情况每次挑选若干内容进行培训教育）：车辆驾驶技巧与燃料电池电动汽车使用要领、车辆日检的重要性、交通违法案例警示、加氢站安全管理规定及加氢安全警示、行业内其他企业重大事故警示教育、公司内部重大交通事故公示与批评教育、当前安全生产形势、紧急事件处置等。

车辆出租期间，对车辆的实际使用情况做跟踪调查，可采取包括上路随机抽查、加氢站随机抽查、上门定点抽查、定期培训信息收集等途径来实施。抽查内容主要包括：未做上岗培训驾驶员驾驶燃料电池电动汽车问题、驾驶员的酒驾或毒驾行为、疲劳驾驶行为、车辆超速或超载行为、车内人员抽烟行为、车辆每日自检及行车日志的规范填写、事故车辆不及时维修、车辆实际使用场景不符合用车合同并对用车安全构成严重隐患的行为等。

配合加氢站对驾驶员加强安全管理，对屡次违反加氢站内安全管理规定的驾驶员，采取约谈、通报、处罚等措施，直至按合同强制收车。

建立与实施车辆日检制度，规定每天车辆出车前、行车中、收车后的车辆自检项目，并利用行车日志记录起来，日常安全点检项目见表6-2所示。

表6-2 日常安全点检项目

检查内容	零部件	检查方法	合格标准
气密性	加注面板	使用手持氢泄漏探头对所有管路接头进行气密性进行检测，检测前气瓶压力应不低于设定值	所有管路接头氢气泄漏值低于限定值
	氢气瓶组（顶置）		
	氢气瓶组（底置）		
	后舱、底置气瓶舱氢气管路		
	车顶氢气管路		
	安全阀、放空阀、PRD泄放口		
	燃料电池系统	使用手持氢泄漏探头对所有管路接头进行气密性进行检测，检测前燃料电池系统应处于开机状态（检测部位包括燃料电池系统外露供氢管路、氢气回路和尾排管接头）	

（续）

检查内容	零部件	检查方法	合格标准
外观	气瓶	光线充足情况下目测	无割痕、刮伤、磕伤、凹坑、凸胀、破裂、材料损失和表面变色（积炭、烧焦和化学腐蚀等）
	管路		无明显划痕、擦伤、磕伤、锈蚀
	安全阀、放空阀和PRD泄放口防尘帽		防尘帽无脱落
	氢泄漏探头		氢泄漏探头检测口无杂质堵塞
	气瓶支架		气瓶支架焊缝处无裂纹，支架无褶皱、明显变形
紧固	气瓶拉带固定螺母	检查螺栓螺母划线处是否有明显错位，若有明显错位或未观察到划线则用扳手等相应工具进行紧固检查	螺母或螺栓划线处无明显错位，松动
	气瓶遮阳罩螺栓		
	管夹		
探头校验	氢泄漏探头	采用1%~3%（氢气-空气）混合标准气对氢泄漏探头进行校验，查看氢泄漏探头显示读数	氢泄漏探头显示数值稳定后与标准气浓度对比误差不超过$\pm 3000 \times 10^{-4}$%

建立与实施车辆保险购买及续保台账制度，运营企业应依法、按需购买车辆保险。

建立与实施车辆事故台账制度，加强同修理厂及保险公司沟通，以求实时掌控车辆的事故发生情况及车辆维修、事故理赔的进度。本着对本企业的资产及安全管理负责、对车辆承运人的人员安全负责、对第三方人员安全负责的

"三负责"态度处理车辆事故，利用先进、人性化的管理手段，力求降低事故频率与事故发生后的综合经济成本。对频繁发生交通事故或单次事故损失金额超过10万元人民币的承运人及其驾驶员，需依合同采取必要的管理手段，包括但不限于约见面谈、增加专项警示教育、按合同予以罚款、按合同执行强制收车、列入限制合作名单等。

建立与实施车辆交通违法行为台账制度，定期更新在运行车辆的交通违法行为处罚清单，一般建议一周更新一次。及时告知相应的承租人及驾驶员，跟踪交通违法行为的处理进度，要求当月违章当月通知、隔月处理、跨月清零。对违章发生频率较高或者违章处理不及时的承运人及驾驶员，需依合同采取必要的管理手段，包括但不限于约见面谈、增加专项警示教育、按合同予以罚款、限制加气以敦促其处理违章、按合同执行强制收车、列入限制合作名单等。

建立与实施车辆保养台账制度，定期更新车辆保养台账，加强同修理厂沟通，以求实时掌控车辆的保养进度。定期保养是用车好习惯中的重要一环，尤其目前燃料电池电动汽车技术还不够完善，车辆一旦脱保将大大增加行驶中的安全隐患以及车辆发生故障的频率。对持续脱保且拒不履行保养义务的车辆，需依合同采取必要的管理手段，包括但不限于约见面谈、按合同罚款、按合同执行强制收车、列入限制合作名单等。

建立与实施车辆维修台账制度，定期更新车辆维修台账，加强同修理厂沟通，以求实时掌控车辆的维修需求以及维修进度。跟踪每一辆车的每一次维修，既是对公司财务的负责，也是对车辆安全管理负责。对于频繁出现的某种故障表象，需汇总信息与上游供应商商讨长久改善方案。如该故障有诱发安全事故的可能，视情况可暂停该车型的运营，直到找到解决方案并有效执行为止。

燃料电池电动汽车运营企业可依所属地区所属行业主管部门的规定，规范车辆维保行为，定期对运营车辆组织维保工作，包括一年至少一次一级维护和二级维护、每年按时执行营运证年审、车辆年检工作。

燃料电池电动汽车运营企业必须对其所有的车载储氢瓶安排定期的检测工作，通过当地有资质的第三方检测机构，参考当地市场监督局特种设备科所制定的储氢瓶检测标准来执行。如目前行业内对燃料电池电动汽车常用的35MPa的车载储氢瓶质检周期设定为每三年一次随车定检，每六年一次拆卸耐压检测。检测完成后，检测机构需出具纸质的检测报告并更新对应的气瓶《特种设备使用登记证》，同时在气瓶上贴上"已检合格"标签。燃料电池电动汽车只有拥有了以上全套合格资质，才被认为可合法上路并有被加注氢气的资格。

由于燃料电池电动汽车技术目前还未完全成熟，运营企业需制定应急预案，配置相应的车辆故障应急处理小组及应急备用车辆，对故障抛锚车辆或具有重大安全隐患的车辆采取正确的处理措施，既提高客户满意度也符合当下行业的实际发展水平。

6.4 燃料电池电动汽车紧急情况处理

6.4.1 氢气泄漏处理

6.4.1.1 燃料电池电动汽车发生氢气泄漏的若干预兆

燃料电池电动汽车发生氢气泄漏的主要预兆包括：氢气管路松动；压力表的压力读数持续下降；氢气泄漏报警；氢系统低压报警；管路安全阀泄压；储氢瓶 PRD 泄压；氢气管路变形；阀门变形；储氢瓶表面出现损伤；储氢瓶或阀门出现位移或错位；加注时间异常；加氢结束后气瓶压力快速降低（需排除加氢后气瓶压力受温度下降的影响）；燃料电池低压报警。

6.4.1.2 氢气泄漏应急处理措施

（1）氢气加注时发生泄漏

出现高压氢气泄漏，应立即停止高压氢气加注操作，将氢气供应源与泄漏系统隔开,并将管路中的压力释放掉,等待修复;现场作业人员立即按下停止加氢按钮或拍下急停按钮,拔下加氢枪。

对泄漏量较小的情况,应立即关闭储氢瓶阀,将车辆推离站区,疏散其他人员及车辆,并立即逐级上报,准备灭火器等消防设施防止火灾发生。泄漏量较大时要立即停站,疏散人员车辆,准备灭火器,连接消防栓、消防水带等消防设施准备火灾事故应急响应,拨打119电话报警,并立即逐级报告。

无法控制的泄漏出现时,应首先保护现场人员的安全,立即疏散泄漏污染区的相关人员,按照设定好的指定路线撤离、集合,在集合地点清点人数。

氢气集装格或储氢罐安全装置发生泄漏时,应先将氢气集装格或储氢罐内氢气排空,再检查修复。

发生泄漏时,车辆、设备等不得再次启动,及时通知相关人员进一步排查。

加氢现场需要技术人员前往处理时,及时沟通联系技术人员,并详细清晰地描述现场情况。

(2) 车辆运行中发生泄漏

燃料电池电动汽车在行驶过程中,当发现氢气泄漏时,应立即靠边停车,疏散人员。停放地点尽量不得靠近道路公共设施,如桥梁、路基等,以及人员稠密地区,位置要求通风良好,附近严禁有明火。然后驾驶员要关闭氢阀开关,拔下车辆钥匙,关闭电源翘板开关,设立警戒标识,并通知整车厂售后人员及时到场。如果是客运燃料电池电动汽车,则立刻疏散车内人员并打开所有车窗进行通风。如果是货运燃料电池电动汽车,应立刻检查货箱内是否有易燃易爆物品,如有则尽快移除易燃易爆物品。

紧急查找漏气点,并查看车辆储氢瓶压力,当发现压力超压时立即打开超压排放阀进行压力排放,直到压力降到 $0.1 \sim 0.3 \mathrm{MPa}$,关闭阀门并确定阀门无泄漏;当车辆储氢瓶压力正常时,如能发现泄漏点,可先用专用工具对泄漏部位加以紧固,同时通知专职调度人。如果事态进一步恶化得不到有效控制或者出现着火现象，驾驶员应及时划出危险警戒区，禁止无关人员和车辆靠近。

由于车载气瓶内压力远大于外部气压，因此氢气泄漏最怕的就是氢气聚积与火源。一旦氢气泄漏严重，具体处置措施如下：

1）氢气发生大量泄漏或积聚时，首先应当拨打报警电话，并采取如下措施：及时切断气源，并迅速疏散所有人员至泄漏污染区上风处；对污染泄漏区域进行通风，对已泄漏的氢气进行稀释，防止氢气聚集。若不能及时切断气源，应采用水雾进行稀释，防止氢气积聚形成爆炸性气体混合物；高浓度氢气会使人窒息，应及时将窒息人员移至良好通风处，进行人工呼吸，并迅速就医。

2）当氢气发生泄漏并着火时，首先应切断气源，并采用水或者干粉强制冷却泄漏的气瓶，防止因着火导致气瓶温度以及气瓶内压力急剧上升带来的更大危害。其次，采取措施，防止火灾扩大，如采用大量消防水雾喷射其他易燃物质和相邻设备，防止次生灾害。另外，由于氢气火焰肉眼不易察觉，消防人员应佩戴自给式呼吸器，穿静电服装进入现场，注意防止外露皮肤烧伤。

（3）发生交通事故后引起泄漏

当燃料电池车辆在运行中发生交通事故引起氢气泄漏等紧急情况，紧急处理措施如下：

1）交通事故发生后，应及时检查人员情况，驾驶员第一时间打开乘客舱门并疏散乘客，关闭车辆钥匙，按下高压应急开关，打开所有车窗进行通风，设置警戒标识。

2）对车辆供氢系统进行检查，查看是否有泄漏现象。

3）发现车辆有漏气情况时，应该立即打开超压排放阀进行压力排放，当驾驶员无法控制泄漏点时，及时将现场情况报告给专职调度人，按应急方案进行控制。

4）事故车的处理地点应尽量避免在人口密集地区；如只能在原地进行处

理，应在周围设置警戒线，及时疏散附近人员。

6.4.1.3 氢气泄漏时的其他注意事项

燃料电池车辆氢气泄漏时的其他注意事项如下：

1) 氢系统的应急处置应由经过专门培训的维修人员实施，维修人员应着装防静电服、防静电鞋，并去除身上的静电。

2) 氢气属于易燃易爆的气体，在应急处置现场，维修人员应时刻注意不允许出现火花、高温热源、明火等易引燃氢气的操作，不允许使用电动工具、电焊、非防爆工具等。

3) 严禁私自拆卸、敲击氢气管道和储氢瓶，严禁带压操作。

6.4.2 燃料电池电动汽车火灾处理

6.4.2.1 火灾一般处理程序

当发现燃料电池电动汽车的起火征兆，应第一时间打开乘客舱门并疏散乘客，关闭车辆钥匙，关闭电源翘板开关，设立警戒标识。然后，使用合适的灭火器进行灭火，同时大声呼救，并迅速组织人员开展应急处置行动。同时，立刻报警求救。

6.4.2.2 火灾处置措施

初起火灾，应迅速查明燃烧位置、燃烧物品的主要危险特性、火势是否有蔓延、燃烧产物是否有毒。

现场人员应就近取材，进行现场自救、扑救，控制火势蔓延。必要时，佩戴相应绝缘工具，防止触电。

正确选择最适合的灭火剂和灭火方法，对普通物品的火灾，可采用干粉、消防水等灭火；当发生电气火灾，首先应切断电源，然后用二氧化碳（或干粉）等灭火器扑灭。

遇有火势较大或人员受伤时，现场人员在组织自救的同时，应及时报告应急指挥部，紧急时可直接拨打火警电话和急救中心电话（表6-3），求得外部支援；求援时必须讲明地点、火势大小、起火物资、联系电话等详细情况，并派人到路上接警。

将受伤人员及时转送医院进行紧急救护。

表6-3 外部机构联系电话

单位名称	联系电话
消防火警	119
治安报警	110
医疗急救	120
交通事故	122

火灾扑灭后，应保护好现场，接受事故调查并如实提供火灾事故的情况。

6.4.2.3 火灾处置注意事项

不可用消防水的情况：电气设备短路导致电弧放电但无明火的车辆应首先切断电源，然后用二氧化碳（或干粉）等灭火器扑灭，不可直接用消防水枪等水源对着电气设备进行喷射以免水作为导体引起二次灾害。

可用消防水的情况：当事故不是初起状态，而是某一部位处于明火燃烧状态且人员不可靠近时，应在人员远离车辆10～15m的情况下使用消防水灭火。

救援时要佩戴好防护用品，防止有毒气体或烟气侵入人体；没有穿戴相应防护器具的人员严禁参加抢险行动。

应正确使用抢险救援器材，不得冒险和蛮干；参与抢险的人员要注意观察风向、地形，选择正确位置，提高预防中毒的警惕性；在火场中或在有烟的室内行走，应尽量低身弯腰降低高度，防止窒息；在火灾的自救与逃生时，首先应躲避浓烟，能向下跑的决不能向上跑，其次是躲避大火，然后撤离到安全地带。

险情发生至现场恢复期间，应封锁现场，禁止无关人员进入。

拨打 120 电话报警时，应说明受伤者的受伤情况，以便让救护人员事先做好急救的准备。

6.5 燃料电池电动汽车检修与维护

6.5.1 燃料电池电动汽车检修维护场地要求

燃料电池电动汽车的检修维护场地应符合以下要求：

1）燃料电池电动汽车检修与维护场地应设置防火墙，且防火墙要满足当地的防火管理部门要求。

2）必须防止氢气进入相邻的办公室，尤其是那些位置比车辆高的办公室。

3）在爆炸可能发生的地方设置相应的警告标志。

4）在维修工厂和车库以及相邻的一定区域内禁止吸烟。

5）工作人员必须穿着静电防护服，例如100%的棉服。

6）在这些建筑中禁止对车辆进行燃料补给。

7）车辆在加氢之后的 10min 内禁止驶入封闭的建筑物。

8）发生氢气泄漏的车辆禁止进入维修车间，除非所有的氢气都已排出。

9）在车辆驶入一个封闭建筑物之前，必须检查车载安全控制系统以确保其没有故障。

10）仪表应指示没有任何氢气泄漏，无氢气泄漏报警。

11）对气瓶的压力检测正常，停机状态压力无明显下降。

12）在氢系统开始工作之前，首先应用便携式的氢气传感器检测所有接头是否有氢气泄漏。

13）电气设备（例如正在移动升降的起重机）在车辆上方的危险区域操作

时，必须事先检测车辆是否存在氢气泄漏。

14）那些能够产生火花的工作（如焊接、磨削）必须远离载有氢气的车辆；此外，还需使用便携式的防护装置将氢燃料电池车辆和产生火花的工作隔离开；除非燃料电池车辆与氢气释放管道相连，否则氢燃料电池车辆与能够产生火花的工作至少相离5m；当有氢气系统报警信息产生时，这些产生火花的工作必须立即停止。

15）各种包含有压缩氢气的管道必须装配紧密，在氢气排空后，需使用防爆扳手进行拆卸。

16）在进行维修工作的时候，燃料电池车辆必须接地，以防止产生静电。

17）将氢气从燃料电池车辆里排出之后，传统的维修工作（例如维修车体和车轴）也可以在封闭的建筑物中进行，且在这种建筑物中不必装备专用的安全设备（例如排空管和通风设备）。

18）警示灯必须提供足够的亮度，以警示技术人员从车顶区域安全撤离，保证所有工作人员离开维修厂并提醒消防队采取行动。

19）在载有氢气的燃料电池车辆上，推荐用手持式的防爆灯检测故障。

6.5.2　燃料电池电动汽车检修安全注意事项

非氢系统检查维修：如果不涉及动火的，检查维修工作只需要确保周围空气流通性良好，如在室内维修的，确保厂房内部净空高度不低于8m；如果涉及动火的，必须将本车内氢气泄放完毕或将氢系统完整拆卸下来后方可动火。

氢系统动火检修前，保证系统内部和动火区域的氢气体积浓度在安全范围以内；检修或检验设施应完好可靠，个人防护用品穿戴符合要求；防止明火和其他激发能源进入禁火区域，禁止使用电炉、电钻、火炉、喷灯等一切产生明火、高温的工具及热的物体；动火检修应选用铜质工具。

所有动火检测，必须确保明火周围3m范围内没有其他无关的氢燃料系统。

6.5.3 燃料电池电动汽车维护安全注意事项

对氢系统管阀件进行维护作业时，应选择通风良好的地点，将管路内的氢气排空再进行零部件的维护。

操作人员在放气作业前，应设置警示标志或隔离带，要触摸静电释放器，将身体静电导除；放气操作人员应经过培训、考试合格后才能上岗操作。

氢燃料电池车辆如需进行动火等整改工作时，需将氢气放空后方可作业；放气现场安全区域内禁止携带手机、打火机、非防爆对讲机、火柴等火源火种和易产生静电的物品入内；放气现场安全区域30m内禁止使用明火作业；放气现场严禁穿易产生静电的服装及带铁钉的鞋进入；放气现场安全区域内使用的工具应为防爆工具；放气作业区域仅用于放气作业，其他作业活动严禁在此区域内进行；放气过程中，应关闭车辆的电源及门窗，同时打开车厢顶部所有天窗；放气过程中，除指定的放气操作人员外，其他人员一律不得入内；车辆放完氢气后，需对车辆四周、舱体和车厢内部进行检测，确保无余气后，方可驶离；雷雨天气禁止放气作业。

6.6 氢气加注基础设施的安全设计

6.6.1 工艺设施安全设计

加氢机应满足 GB/T 31138—2014《汽车用压缩氢气加气机》、GB 50516—2010《加氢站技术规范》、GB/T 34584—2017《加氢站安全技术规范》的相关规定。

加氢机应设置安全限压装置，安全阀应选用全启式安全阀；进气管道上应设置自动切断阀；加氢软管上应设置拉断阀。拉断阀要符合如下要求：

1）拉断阀的分离拉力为220~1000N。

2）拉断阀在外力作用下分开后，两端应自行封闭。

3）拉断阀在外力作用下自动分成的两部分，可重新连接，保证加氢机可以继续正常使用。

加氢机应设置人体静电释放装置和伸缩式车辆接地夹；加氢机应设置紧急停车按钮，在出现紧急情况按下该按钮时，应能关闭阀门，停止加气，并可以向加氢站内控制系统发出停车信号。

加氢机内部氢气易积聚处应设置氢气检测报警装置，当发生氢气泄漏在空气中含量达0.4%时应向加氢站内控制系统发出报警信号；当发生氢气泄漏在空气中含量达1.6%时应向加氢站内控制系统发出停车信号，并自动关闭阀门停止加气。

工作压力为35MPa及以上的加氢机应当在上游设置氢气冷却装置，将氢气冷却后需保证车载气瓶温度不得高于85℃。

冷却设施中换热器材料和制冷剂应结合当地历年最低平均气温进行选择；冷却设施应配置与加氢站设备相匹配的通信接口，应具有远程启停功能；冷却设施的制冷剂管道应设置压力检测及安全泄放装置，并能在管道发生泄漏事故、高压氢气进入制冷剂管道时，立即自动停止加氢作业和系统运行；制冷剂管道需设置保护层。

6.6.2 电气设施安全设计

站内通信、控制系统应设置不间断供电电源，电池持续时间应达到120min。

低压进线断路器应设置分离脱扣器，引至端子排上，用于紧急切断电源用。

爆炸危险区域内的电气设备、照明灯具防爆等级不应低于ExdⅡCT1，室外爆炸危险区域内的电气设备、照明灯具防护等级不应低IP65。站内的压缩机间、加氢岛、营业厅等场所均应设置 A 型消防灯具作为事故应急照明装置，应急照明时间不应小于 90min。控制室、配电室内照明灯具应选用正常、应急两用灯具，市电停电时，灯具的备用电池投入运行，电池持续运行时间 180min。

站内的防雷分类不应低于第二类防雷建筑标准，其防雷设施应具有防直击雷、防雷电感应和防雷电波侵入的能力。防直击雷的防雷接闪器应使被保护的站内建筑物、构筑物、通风风帽、放空排气装置等突出屋面的物体均处于其保护范围内。

站房、罩棚、压缩机间及遮阳、防雨设施的屋面应根据 GB 50057—2016《建筑物防雷设计规范》设置相应的防雷接闪带。站内的设备、管道、构架、电缆金属外皮、钢屋架、铁窗和突出屋面的放空管、风管等，应接到防雷接地装置上。

全站设置联合接地网，包括电气工作保护接地、仪表工作保护接地、电子信息系统接地等，总接地电阻不应大于 1Ω。路灯灯杆应引至总接地系统。

现场摄像机前端箱、火灾报警模块箱、线缆接入系统机柜处应设置防浪涌保护器（Surge Protective Devices，SPD），雷电防护等级按 D 级选择。低压进线总柜内应设置防浪涌保护器（SPD），应满足 I 级试验。

爆炸危险环境内可能产生静电危险的物体，应采取防静电措施。在氢气压缩机间、加氢机等的进出管道处，不同爆炸危险环境边界、可燃气体管道分岔处及长距离无分支管道每隔 50m，均应设置防静电接地，且其接地电阻不得大于 10Ω。站内氢气、仪表气、氮气吹扫、冷却系统管道上的法兰、阀门等可能存在静电处应采用金属线跨接。站内氢气运输装置的卸气场所、每个加氢机处均应设置静电接地报警装置。装置区的进出口、每个加氢岛、卸气柱等处均应设置静电触摸球。

站内的动力控制电缆均应选择阻燃 A 类电缆。路灯电缆应选择阻燃 A 类铠装电缆，直埋敷设，横穿车行道处应穿管保护。从配电室去现场设备的电缆应走排管敷设，中间设置电缆管井。电气电缆不得与仪控电缆、弱电电缆共管敷设。电气电缆与仪控、弱电电缆走同一电缆管井时，相互间距应满足相关规范。电缆管井内应做防水处理，且应充砂填实。爆炸危险环境区域内敷设的电缆，应在电缆引向电气设备插头部件前、相邻的不同环境之间位置做隔离密封。

6.6.3 建、构筑物安全设计

燃料电池加氢站宜为单层敞开式建筑，耐火等级不应低于二级，罩棚应采用不燃材料制作，当罩棚的承重构件为钢结构时，其耐火极限不应低于0.25h。

加氢站应设置罩棚，且罩棚为由内而外斜坡向上，避免氢气累积；或者遮篷内部最高处设有通风设施，避免死角，不得集聚氢气，必要时可增加强排风机。罩棚内部净空高度不应小于3.5m，进出口有限高要求时，罩棚的净空高度不应小于限高高度。罩棚遮盖加油机、加氢机的平面投影距离不宜小于2m。罩棚耐火等级不应低于二级，宜采用钢结构形式。钢结构要满足GB 50011—2010《建筑抗震设计规范》和GB 50017—2017《钢结构设计标准》的相关规定。

遮阳、防雨设施为敞开式，耐火等级不应低于二级，应采用不燃材料制作，当其承重构件为钢结构时，其耐火极限不应低于0.25h。遮阳、防雨设施内表面应平整，宜采用V或U字形顶棚形式，坡向外侧上部空间应保持通风良好，且避免死角，不得集聚氢气。遮阳、防雨设施内部净空高度不宜低于3.5m，遮盖设备的平面投影超出设备边缘不宜小于1.5m。

6.6.4 消防设施安全要求

加氢站内灭火器材及火灾报警系统的设置应符合GB 50016—2014《建筑设计防火规范》、GB 50516—2010《加氢站技术规范》、GB 50156—2012《汽车加油加气站设计与施工规范》的相关规定。加氢站内火灾报警系统的设置，应符合下列规定：

1）应设置火灾报警系统，并采用集中报警系统。

2）火灾报警系统机柜应设置在控制室内。

3）火灾报警系统应由不间断电源设备供电。

4）卸车区、储氢区、加压区、加氢区等具有爆炸危险场所应设置隔爆型火焰探测器，防爆等级 Exd Ⅱ CT6，不得有探测盲区。

5）站内应设置手动报警按钮、声光报警器、消防广播等，爆炸危险区域内应选用防爆产品。

6.6.5　氢气安全监控

加氢站应建立中央监控和数据采集系统，且应可连接各加氢站的信息并向客户开放有关数据，数据采集与数据上传至数据分析资料库，结合大数据收集，建立优化管理体系以及客户端软件运用，提升加氢站的效率。针对加氢站的系统监控，建议满足以下要求：

1）对在加氢站及各类加氢合建站进出口、氢气储存区、卸车区、增压区、储氢区、加氢区、预冷区等装置的压力、温度等运行重要参数进行数据采集、处理及联锁控制，并对加氢站数据进行相应的备份。

2）在加氢站及各类加氢站的进口、出口、加注区、储氢区、主控制室及总配电室应设不间断视频监控，并把监控视频上传数据采集系统且做好数据备份。

3）压力监控分别检测管道与储氢瓶罐是否超压，以及判断储氢瓶罐的储氢量。

4）氢气流速监控。

5）管道与储氢瓶罐的温度监控。

6）加氢机的加注次数、加氢量与金额的监控与分析。

7）车辆上储氢瓶的加注次数、加氢量等信息可回馈至加氢站管理中心。

8）实时传递安全信息，及时反应，降低安全风险。

9）加氢站及各类合建站周围宜设置周界报警装置，报警信号应纳入监控系统。

10）加氢站及各类合建站所有的报警信号及处理结果应进行记录和保存，结果记入监控系统数据库中。

11）加氢站及各类合建站安全监控系统还包括可燃气体探测器和火焰探测器，并完成对可燃气体泄漏检测、火焰探测及环境温度检测、区域和声光报警；具备报警、联锁关断控制功能。

12）加氢站及各类合建站监控及数据采集系统所有的核心单元应设有不间断备用电源，该备用电源可以在断电后60min内保持供电。

13）通过结合客户端软件应用，可实时提供客户加氢站加氢情况，减少加氢等待时间，自动计算距离加氢站的路程及时间，并适时提醒客户。

6.7 氢气加注基础设施建设

6.7.1 加氢站建设审批

（1）加氢站建设申报各职责部门职责

加氢站申报立项及建设过程中，主要的职责部门及其职责见表6-4及表6-5。

（2）加氢站建设申报环节流程

加氢站建设的申报环节流程如图6-1所示。需要说明的是，在此仅提供建站审批的参考模式，最终的审批报建以当地政府部门的要求为准。

表 6-4 立项环节

部门	受理环节	所需前置文件	出具文件
住建部门	项目选址	—	选址意见书
国土部门	用地证明	—	相关土地证书
发改部门	项目核准	选址意见书用地证明	项目核准意见
规划部门	—	项目核准意见用地证明	新建站：建设用地规划许可证、建设工程规划许可证 改建、合建站：建设用地规划书面意见、建设工程规划书面意见（无新构筑物）/建设工程规划许可证（有新构筑物）

表 6-5 报建环节

部门	受理环节	所需前置文件	出具文件
发改部门	节能审查		节能审查意见
消防部门	建筑消防设计	建设用地规划许可证（书面意见），建设工程规划许可证（书面意见）	建设工程消防设计审查意见书
气象部门	防雷装置审查	选址意见书用地证明	防雷装置设计审核意见书
人防部门	人防报建	—	人防工程报建审批表及凭证
环保部门	环境影响评价审查	—	环境影响评价报告批复
质监	特种设备资质审查	—	特种设备资质审查意见书
图审机构	施工图审查	—	施工图设计文件审查合格书
住建部门	施工图审查备案	施工图设计文件审查合格书	在合格书上盖章并备案

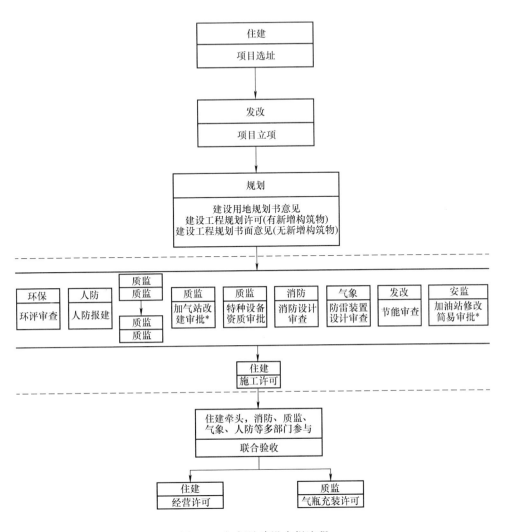

图 6-1 加氢站建设申报流程

注：加气站改建审批和加油站改建简易审批只在加油站及加气站的设计发生改变时需要。

6.7.2 加氢站建设安全要求

承建加氢站及各类合建站的施工单位应具有相应的资质。

加氢站、加氢加气合建站、加氢加油合建站的等级划分应符合 GB 50516—2010 有关规定。加氢站及各类加氢合建站的火灾危险类别应为甲类。加氢站及各类加氢合建站内有爆炸危险房间或区域的爆炸危险等级应为1区或2区。加氢站及各类合建站内的建筑物耐火等级不应低于二级。

加氢站与充电站合建时，充电工艺设施的设计应遵循 GB 50966—2014 和 GB/T 29781—2013 的有关规定。

加氢站及各类合建站作业区内不得种植树木、油性植物和易造成氧气聚集、易燃烧的各种植物。加氢站及各类合建站配套建设的环境保护设施、安全设施及职业病防护设施必须与主体工程同时设计、同时施工、同时投入生产和使用。

加氢站及各类合建站应优先选择环保的工艺与设备，配备可靠的环境保护设施。加氢站、油气氢合建站产生的废气、废水、噪声等污染物排放应满足国家及地方标准的要求。加氢站及各类合建站应当根据其储存介质的种类和危险特性，在作业场所设置相应的安全设施，以满足防火防爆及安全生产的要求。

加氢站及各类合建站的职业病防护设施应能满足职业卫生的要求，防止作业场所的职业病危害因素对劳动者产生健康损害。

6.7.3　加氢站验收与安全评价

加氢站施工单位按照项目规定范围内的工程全部完成后，应及时进行工程竣工验收。工程竣工验收应由建设单位负责，组织施工、设计、监理等单位共同进行，合格后即应办理竣工验收手续。工程竣工验收时，由施工单位提交的竣工验收文件是工程竣工验收的依据和工程质量"终身制"的依据，必要时应进行抽查检测或试验。施工单位应提交下列文件：

1）综合部份：竣工技术文件说明、开工报告、工程竣工证书、图样会审记录、设计变更清单及其相应签证文件，以及材料和设备质量证明文件及其复验报告。

2）建筑工程：工程定位测量记录、地基验槽记录、钢筋检验记录、混凝土工程施工记录、混凝土/砂浆试件试验报告、设备基础允许偏差项目检验记录、设备基础沉降记录、钢结构安装记录、钢结构防火层施工记录、防水工程试水记录、填方土料及填土压实试验记录、合格焊工登记表、隐蔽工程记录、防腐工程施工检查记录。

3）还要提交：合格焊工登记表、隐蔽工程记录、设备开箱检查记录、静置设备安装记录，以及设备清理、检查、吹扫、置换、封存记录和设备安装记录、设备单机运行记录、阀门试压记录、安全阀调整试验记录、管道系统安装检查记录、管道系统试验记录、管道系统吹扫/置换记录、设备及管道系统防静电接地记录、电缆敷设和绝缘检查记录、报警系统安装检查记录，还有接地体、接地电阻、防雷接地安装测定记录和电气照明安装检查记录、防爆电气设备安装检查记录、仪表调试及其系统试验记录。

4）竣工图。

5）观感检查记录表。

6）工程竣工验收：由建设单位负责并组织施工、设计、监理等单位共同进行，合格后即应办理竣工验收手续，并向主管部门申请进入投产环节（表6-6）。

表6-6 验收、投产环节

部门	受理环节	所需前置文件	出具文件
住建部门	综合验收		在各部门出具验收合格意见后进行工程竣工备案
	加氢站经营许可证		加氢站经营许可证
消防部门	建筑验收		建设工程消防验收意见书
气象部门	防雷装置验收		防雷装置验收意见书

(续)

部门	受理环节	所需前置文件	出具文件
人防部门	人防工程验收		人防工程验收备案意见书
质监部门	特种设备检验		特种设备使用登记证
质监部门	气瓶充装许可	各部门工程验收证书	气瓶充装许可证
质监部门	计量设备检定		计量设备检定合格证
安监部门	加氢合建站原有部分现状评价		

注：根据《建设项目环境保护管理条例》修改案（国务院令第682号），环保验收改为建设单位自行验收。

6.8 氢气加注基础设施运营及管理

6.8.1 加氢站运行操作与维护

加氢站运营主体须持有持有效期内的相关证照，各种证照需分别按照规定年审（检），年审（检）不合格的，有相应的职能部门依法责令其整改，并按法律、法规予以处罚。

严禁伪造、涂改、出租、转让加氢站经营许可证。

加氢站运营主体应在聘用员工前向从业人员如实告知作业场所和工作岗位存在的危险因素和防范措施。站内工作人员全员持证上岗，上岗资格证应专职专证，且每年由发证机构复查资格，资格复查不合格的应重新进行技术培训，直至合格为止。

加氢站发生转让、出售、变更场所、停业、复业等重大事项，须提前一个月向主管部门提出申请；因突发事件暂停营业的，自停业起 7 日内向主管部门申报。

6.8.2 加氢站站控系统

加氢站站控系统应对加氢站卸车、增压、储存等各种工艺过程，具有数据采集、控制、显示、报警、参数查询、历史记录查询等功能，同时在紧急情况下可控制实现紧急切断加氢站上设备，保证人员和设备的安全。

站控系统应具有专门编制的控制和管理软件，具有远传接口，以实现系统的远程监控、诊断和数据传输。

6.8.3 计量收费系统

计量收费系统应能满足加氢站日常运行需要，应包括开户、充值、注销、挂失、解锁、换卡、变更、预存、退出等功能。计量收费系统的操作应直观明了，功能齐全，满足加氢站管理使用要求。

为了提高加氢站的运行效率，建议运营商建立中央管理平台，并通过物联网收集各加氢站的数据资料进行分析。各加氢站可拥有各自的管理子平台，收集各加氢枪、车辆等数据，获得精确的加氢时间、加氢重量、金额等信息。

6.8.4 加氢站质量管理体系

加氢站需满足 ISO 9001—2015 以及 IATF 16949—2016 质量管理体系中的相关规定。通过标准中常用的过程方法搭配应用，再加上计划 - 执行 - 检查 - 处理循环（Plan - Do - Check - Action cycle，PDCA）和基于风险的思维（图 6-2），使其质量管理体系与其他管理体系标准的要求保持一致或整合，从而有利于加氢站运营方吸引顾客、开发新产品和服务、减少浪费或提高生产效率。

图 6-2　PDCA 体系

6.8.5　氢气质量管理

加强高纯氢产品在生产、充装、转运、加注全产业链环节的检验和监管应对。氢气的检测应考虑时间特性（如某月某日某时间某辆车在某压力下的气体样品）及加氢站的氢源品质，应结合加氢站的部件实际情况和燃料电池电动汽车用氢气标准，综合判断加氢站气源品质。

高纯氢长管拖车内部在充装前应进行充分置换吹扫和清洁度检测保证；严格禁止装载高纯氢产品的长管拖车混装其他氢气产品甚至是非氢类产品；如果有过混装使用，在充装高纯氢之前，必须重新进行严格的置换吹扫、清洁度检查及试装氢气样品的鉴定。

应采用隔膜式压缩机等设备向长管拖车充装高纯氢，氢气加注管路和充装口必须在使用前进行高纯氢吹扫置换，保证其清洁度和对高纯氢品质维持的可靠性。

加氢站设备施工安装过程中，应对施工质量进行控制管理，并保证设备清洁度；安装完成后应对整个系统进行充分高纯氢置换吹扫，检验合格后投入使用，同时要经常检查卸气柱连接口等处，防止污染；对系统设备、管路等进行任何敞开性维护保养和维修更换后，要重新进行必要的吹扫置换。

6.8.6 运行安全规定

加氢站运行管理应符合 GB 4962—2008《氢气使用安全技术规程》、GB 50516—2010《加氢站技术规范》、GB/T 34584—2017《加氢站安全技术规范》的相关规定。典型规定如下：

1）严格执行加氢站生产管理制度。作业人员应经过岗位培训、考试合格后持证上岗；特种作业人员应经过专业培训，持有特种作业资格证，并在有效期内持证上岗。

2）加氢车辆按照要求停靠在停车区域，关闭车辆电源，拉起驻车制动后方可加氢，防止因未熄火或车身滑行造成事故。

3）非加氢操作人员严禁触碰岗位设备、阀门；如因检修需要，应征得操作人员同意，方可检修。

4）定期检查加氢枪，及时更换老化、磨损配件。维修作业人员应使用铜制工具且不得随意敲击加氢站中的设备；检修维护前应切断相应电源、气源，并经氮气吹扫置换合格后再进行检修，并不能带压维修和紧固；设备检修后，应用惰性气体吹扫、氢气置换，完成后用氮气或氦气按照 GB 50516—2010《加氢站技术规范》进行气密性试验和泄漏量试验。

5）加氢过程中严禁移动汽车，严禁在未回收、未放开的情况下点火启动汽车。

6）检查加氢车辆是否具有有效的充装许可证、气瓶是否在检验周期内，否则应拒绝充装加气，发现泄漏时应立即停止加氢，关闭相关阀门，严禁在漏气情况下加气。

7）停电时只能用安全防爆照明灯照明，严禁使用其他光源照明。

8）燃料电池电动汽车遇到故障不能启动时，应推出加氢站去适当位置修理，禁止在加氢站周围修理，以防发生事故。

9）加氢站设备进行日常维护和保养，应对异常情况及时处理并且记录。加氢站应配备检漏工具，定期对氢气易泄漏处进行人工检查。应严格按设备制造商提供的维护保养手册要求，定期检查或更换加氢站设备及控制系统零部件。

10）加氢站定期检验的压力表、安全附件、泄漏探测器在有效期满前应提前向检验机构提出定期检验要求，校验期间为使加氢站不间断运营，定期检验的部件宜设置备用件。

11）加氢过程中若发生安全事故，应尽快疏散车辆和人群，以减少事故损失。

第 7 章 总结与展望

Chapter Seven

燃料电池电动汽车的安全性是燃料电池电动汽车产业发展的基础,目前各企业在燃料电池电动汽车上,从材料、关键部件、电堆、系统、氢系统等各方面采取的系统安全措施,经过多年的实际示范运营证明是可靠的。氢燃料电池车的安全性,不只是氢燃料电池安不安全的问题,实际上氢燃料电池车辆从设计研发到量产及应用运行,都需要建立形成了一个较为完备的科学技术体系。

随着燃料电池成本下降和性能不断提高,各种性能指标已基本达到使用要求,燃料电池汽车商业化、规模化、产业化是必然趋势。而随着技术的发展,一些新技术,尤其是新型车载储氢系统及氢气的储运技术将逐渐被应用到燃料电池电动汽车的开发与应用中,并会由此带来一些新的安全问题。

(1) 新型氢气储运技术

1) 液氢技术。2020 年初,全国氢能标准化技术委员会已经报批了三项液氢标准,涵盖了液氢生产、储运等相关技术内容,预计将于年内发布。我国液氢技术主要运用在航天领域,而民用实践经验不足,安全管理技术和水平比较有限。

随着液氢技术用于氢能储运,加氢站内可能会以低温液态的形式储存氢能,站场的运行机制会随之发生变化,会产生新的安全管理需求,相关技术、装备及标准规范都缺位。建议先借鉴发达国家的实践经验,结合我国技术装备发展水平，引进转化部分标准法规。

2）固态储氢技术。固态储氢加氢站具有压力低、成本低等优点。2019年7月，由北京有研集团、深圳佳华利道等在辽宁省葫芦岛市建成投产一座固态储氢加氢示范站。后续将跟踪示范站运行情况，适时总结实践经验，研究制定技术规范，提高站场安全管理水平。

目前，我国加氢站氢气供给以长管拖车为主。固态储运技术的应用，会改变氢气加注的部分流程，如增加了氢气析出过程。由于析出氢气压力小，不能直接加注，不能直接采用当前普遍采用的三级加注工艺，要增加一个低压增压过程（从析出压力增压至20MPa或以上），可能会带来成熟加注工艺的改变，并带来新的安全技术问题。

3）管道输氢技术。管道输氢到站技术目前在上海金山站已有应用实践，工艺流程可以借鉴推广。

需要注意的是，管道输送过程可能会污染氢气，建议开展氢气品质对比分析。不定期同步抽检注入管道前和输送到站场的氢气杂质含量变化，建立基础数据库，为管道气进站后的纯化技术和工艺选择提供指导。

4）有机液态储氢技术。有机液态储氢可能带来两个问题，一个是析出氢气压力低，跟固态储氢一样，需要增加一个增压过程，这可能会引起加注工艺的变化；另一个是析出氢的纯度问题，需要基于检验检测结果配套析出氢的纯化装置。

（2）车载储氢技术

目前车载储氢以压缩气态为主，国外以70MPa四型瓶为主，国内以35MPa三型瓶为主。随着技术进步以及终端应用的需求，车载储氢技术最主要的趋势如下：

① 压力等级与国际接轨，从35MPa提高到70MPa，储氢瓶也可能从三型瓶向四型瓶过渡。

② 固态和有机液态储氢技术应用到车载氢系统，直接改变目前的气态储氢方式。

③ 深冷高压技术用于车载储氢。

关于车载储氢压力问题，2017年发布的GB/T 35544—2017《车用压缩氢气铝内胆碳纤维全缠绕气瓶》已经生效实施，对车载70MPa储氢三型瓶的技术指标做了明确要求。

2020年7月，中国技术监督情报协会气瓶安全标准化与信息工作委员会（以下简称"瓶工委"）组织浙江大学等单位起草了团体标准《车用压缩氢气塑料内胆碳纤维全缠绕气瓶》，该标准已正式向社会公开征求意见。由此可见，四型瓶在车载储氢上的技术研发及应用开始得到越来越多的关注与重视。

北京有研集团和武汉氢阳分别在固态车载储氢和有机液体车载储氢方面做了探索和示范，但仍然缺乏相关技术标准规范的研究和制定。

(3) 安全技术的需求及趋势

现有的燃料电池车辆安全设计已经可以较好地解决燃料电池电动汽车的氢电安全问题，并避免汽车剧烈碰撞等各种场合下发生氢气爆炸及高压电泄漏导致的安全问题。在未来新技术不断出现过程中，可以从以下几大方面提升燃料电池汽车安全技术：

1) 对于燃料电池堆：优化关键材料、部件选型及设计，如要求燃料电池堆中应用的材料对工作环境有一定的耐受性，提升燃料电池堆的机械结构安全、气密性安全设计技术等。

2）对于燃料电池系统：优化热管理子系统、空气子系统、氢气子系统等设计，并引入功能安全等设计与管理流程，进一步提升电子电气系统对燃料电池工作状态监控的可靠性。

3）对于燃料电池电动汽车整车：要拥有严格的性能测试和严密的氢电安全监控体系，建立系统的整车结构可靠性及电气可靠性设计技术。

4）对于车载氢系统：需要考虑不同储氢形式，从设计与材料双管齐下，从预防与监控两方面入手设计安全措施，从而实现车载安全用氢多重保障。

5）对于基础设施：加氢站的安全设计需要根据加氢站自身的设备组成和加氢模式建立相应的技术规范。

参 考 文 献

[1] 叶跃,坤池滨,等. 质子交换膜燃料电池膜电极耐久性的提升[J]. 化学进展,2019,31(12):1637-1652.

[2] 王子乾,杨林林,等. 高温质子交换膜燃料电池性能衰减机理与缓解策略——第一部分:关键材料[J]. 化工进展,2020,39(6):2370-2389.

[3] LIN P, ZHOU P, WU CW. Mufti-objective topology optimization of end plates of proton exchange membrane fuel cell stacks[J]. Journal of Power Sources, 2011, 196:1222-1228.

[4] 陈明. 质子交换膜燃料电池膜电极界面结构设计及其耐久性研究[D]. 北京:北京科技大学,2018.

[5] ASGHARI S, SHAHSAMANDI MH, ASHRAF KHORASANI MR. Design and manufacturing of end plates of a 5kW PEM fuel cell[J]. International Journal of Hydrogen Energy, 2010, 35:9291-9297.

[6] KIM JS, PARK JB, KIM YM, et al. Feel cell end plates:a review[J]. International Journal of Precision Engineering Manufacturing, 2008, 9:39-46.

[7] 秦敬玉,徐鹏,王利生,等. 质子交换膜燃料电池(PEMFC)发动机循环水管理模型[J]. 太阳能学报,2001,022(004):385-389.

[8] 周平,吴承伟. 燃料电池弹性体密封特性的若干影响因素[J]. 电池技术,2005(04):236-240.

[9] 章桐. 电动汽车工程手册:第三卷 燃料电池电动汽车设计[M]. 北京:机械工业出版社,2020:59-60.

[10] 中国汽车工业协会,中国汽车动力电池产业创新联盟燃料电池分会,等. 氢燃料电池汽车安全指南(2019版)[Z]. 2019.

[11] 杨全勇,余意,詹志刚. 密封层厚度对国产材料燃料电池性能影响[J]. 电池工业,

2011, 16（003）: 172-175.

[12] 张志恒, 刘杨. 质子交换膜燃料电池设计与制作[J]. 电力学报, 2009, 024（006）: 498-501.

[13] 程思亮. 质子交换膜燃料电池温度控制研究[D]. 北京: 清华大学, 2017.

[14] 衣宝廉. 燃料电池和燃料电池车发展历程及技术现状[M]. 北京: 科学出版社, 2018: 84-87.

[15] HASAN K A, KUNAL K, BRANT P, et al. Experimental investigation of the role of a microporous layer on the water transport and performance of a PEM fuel cell[J]. Journal of Power Sources, 2007, 170（1）, 111-121.

[16] 拉米尼, 迪克斯. 燃料电池系统——原理·设计·应用[M]. 朱红, 译. 北京: 科学出版社, 2006.

[17] 南泽群, 许思传, 章道彪, 等. 车用PEMFC系统氢气供应系统发展现状及展望[J]. 电源技术, 2016, 40（8）: 1726-1730.

[18] TIAGO S, FELIPE L, MARIO E, et al. Production, storage, fuel stations of hydrogen and its utilization in automotive applications – a review[J]. International Journal of Hydrogen Energy, 2017, 42: 24597-24611.

[19] 周崇波, 周宇昊. 汽车用质子交换膜燃料电池氢系统的安全性分析[J]. 能源与环境, 2019（4）: 32-34.

[20] LEE S J, HSU C D, Huang C H. Analyses of the fuel cell stack assembly pressure[J]. Journal of power sources, 2005, 145（2）: 353-361.

[21] 姜国峰. 燃料电池客车氢系统碰撞安全性研究[D]. 北京: 北京林业大学, 2009.

[22] 齐同仓, 梁焱财, 李仕栋, 等. 燃料电池车载氢系统结构强度及碰撞结果分析[J]. 自动化应用, 2018（6）: 11-12.

[23] 任润国, 尉庆国, 樊卓闻. 基于hypermesh的发动机零部件网格划分[J]. 内燃机与配件, 2014（1）: 28-31.

[24] 陈开源,李柏青,晏梦雪,等. 基于Hypermesh的有限元网格处理优化[J]. 轻工科技,2014(10):59-60.

[25] 林光典,胡习之,李彬,等. 基于HyperMesh的网格质量优化分析[J]. 机械工程师,2013(9):71-74.

[26] 姜国峰,成波,金哲,等. 燃料电池客车氢系统碰撞安全性仿真分析与评价[J]. 汽车工程,2010,(9):774-777.

[27] 陶卓然. 基于AnsysWorkbench的支架静力学分析[J]. 内燃机与配件,2019(14):108-109.

[28] 何伟丽,范雷云,汪超,等. 基于HyperMesh悬置支架强度分析[J]. 农业装备与车辆工程,2015(3):15-17.

[29] 曾攀. 有限元基础教程[M]. 北京:高等教育出版社,2009.

[30] 田千里. 模态分析与结构动力设计[J]. 噪声与振动控制,1983(6):3-7,13.

[31] 黄秋瑾. 某SUV车型后背门的模态分析与结构噪声抑制[D]. 广州:华南理工大学,2012.

[32] 陈立. 车用纤维全缠绕氢瓶固定架的疲劳分析与优化[D]. 大连:大连理工大学,2013.

[33] 刘智勇,李晓峰,朱冰冰,等. 基于功率谱密度的两瓶组车载供氢系统随机振动分析[J]. 包装工程,2019,40(1):69-74.

[34] 匡霞. CA6120U22D1型客车车架的随机振动和疲劳分析[D]. 哈尔滨:哈尔滨工程大学,2010.

[35] 陶孟章,余卓平,张觉慧. 燃料电池轿车储氢系统固定方式正面碰撞分析[J]. 上海汽车,2009(6):6-9.

[36] 陈浩,邹平. 某车型轮罩板开裂CAE优化分析[J]. 装备制造技术,2016(2):146-148.

[37] XIE Y J, SHEN G L. Comparison and application of free modal and constraint modal in the ve-

hicle CAE analysis[J]. Journal of Guangxi University of Science and Technology, 2016(1): 24-26.

[38] 何春辉, 许春华, 苏红艳, 等. 车载供氢系统振动优化有限元分析[R/OL]. (2020-02-27)[2020-09-01]. http://www.paper.edu.cn/releasepaper/content/202002-145#atexp-comment.

[39] 万茂林, 王峰, 王翠, 等. 副车架后固定支架疲劳仿真分析及优化[C]//中国汽车工程学会. 中国汽车工程学会年会论文集. 北京: 机械工业出版社, 2015.

[40] 郑强. 全缠绕复合气瓶有限元分析和优化设计[D]. 武汉: 武汉理工大学, 2008.